리얼

실제 비즈니스
상 황 으 로
배 우 는

비즈니스

중 국 어

시사중국어사

호남대 공자아카데미 교재개발총서

＊ 본 도서는 中国教育部中外语言交流合作中心(중국 교육부 중외언어교류협력센터)의
　 제작 지원을 받았습니다.

실제 비즈니스 상황으로 배우는
리얼 비즈니스 중국어

| 초판인쇄 | 2022년 10월 1일 |
| 초판발행 | 2022년 10월 10일 |

저자	이정림, 곽옥
편집	최미진, 가석빈, 엄수연, 高霞
펴낸이	엄태상
디자인	김지연
조판	이서영
콘텐츠 제작	김선웅
마케팅본부	이승욱, 왕성석, 노원준, 조성민, 이선민
경영기획	조성근, 최성훈, 정다운, 김다미, 최수진, 오희연
물류	정종진, 윤덕현, 신승진, 구윤주

펴낸곳	시사중국어사(시사북스)
주소	서울시 종로구 자하문로 300 시사빌딩
주문 및 문의	1588-1582
팩스	0502-989-9592
홈페이지	http://www.sisabooks.com
이메일	book_chinese@sisadream.com
등록일자	1988년 2월 12일
등록번호	제300 – 2014 – 89호

ISBN 979-11-5720-228-7 13720

　　《原汁原味的商务汉语》是专为具有一定汉语基础、从事或有意向从事商业、贸易等相关工作的汉语学习者编写的实用教材。

　　本书分为接机、日程安排、现场参观、商务应酬、价格商谈1、购物、价格商谈2、订货、签订合同、送行等十个主题，每个主题包括会话、生词、语法、句型、商务汉语常用句型、练习、课文、中国文化知识等八个部分。本书强调实用性，让汉语学习者在掌握商务汉语基本用语的同时，可以深入了解单词、语法、句型的实际应用。其中，课文部分可提高汉语学习者的阅读水平，中国文化知识部分可让汉语学习者更深入地了解中国文化以及中韩两国的文化差异。

　　本书最大的特点就是精选了中韩商务往来中最常用和最实用的商务用语，可以将会话内容直接应用于日常工作中，有助于从事商务活动的工作人员顺利、有效地开展业务，也可以为求职中的大学生在未来工作中的商务汉语应用提供帮助。

　　本书由韩国湖南大学中文系教授李政林担任主编，编写过程中得到了韩国湖南大学孔子学院韩方院长孙皖怡、中方院长左权文以及湖南大学孔子学院各位老师的大力协助，也得到了中国教育部中外语言交流合作中心的大力支持，同时也听取了商务工作经验丰富、对汉语有一定研究的汉语学习者的宝贵意见。在此，对所有帮助、关心、支持本书编写的老师和各界朋友们表示衷心的感谢！

韩国湖南大学孔子学院

이 책의 특징

<리얼 비즈니스 중국어>는

중국어 초급 수준의 학습자가 중국과의 비즈니스 시에 필요한 지식을 담고 있습니다. 본 교재는 사실적인 비즈니스 상황을 보여 주기 위한 생생한 상황 회화와 실용적인 예문으로 꽉 채운 단어와 어법 소개, 실제 상황에서 바로 쓸 수 있는 비즈니스 필수 구문과 표현까지 알차게 담고 있으며, 회화 학습에 놓치기 쉬운 독해문까지 학습이 가능하고 다양한 연습 문제 및 중국 비즈니스 성공 꿀팁까지 알차게 구성한 비즈니스 중국어 교재입니다.

어떤 내용을 배울지 미리 사진과 주요 표현을 통해 알 수 있습니다.

생생한 상황을 실감나게 표현해낸 두 개의 회화문으로 비즈니스 상황에 대한 이해를 높였습니다.

회화에 나왔던 주요 단어와 어법 구문에 대해
실용적인 예문을 들어 자세히 소개합니다.

실전 비즈니스 상황에 바로 적용해 볼 수 있
는 비즈니스 특화 문형과 표현으로 좀 더 빠
르게 비즈니스 중국어를 학습할 수 있습니다.

어법과 회화 학습을 각각 체크해 볼 수 있도
록 마련된 다양한 연습문제로 실력을 업그레
이드 시킬 수 있습니다.

주인공의 일기 형식으로 쓰여진 독해 본문으
로 놓치기 쉬운 독해까지 학습할 수 있고, 성
공 비즈니스 꿀팁 소개로 읽기만 해도 비즈니
스가 수월해지도록 구성하였습니다.

01

接机

商务汉语常用句型

❶ 让您久等了。　오래 기다리시게 했네요.

❷ 您太客气了。　별 말씀을요.

❸ 随时联系我。　언제든지 연락 주세요.

❹ 可以加您的微信吗?　위챗 친구로 추가해도 될까요?

会话 1

迎接客人

（机场出口）

朴代理　**王经理，您好！**
Wáng jīnglǐ, nín hǎo!

王经理　**您好！**
Nín hǎo!

朴代理　**欢迎您来韩国。我是韩伊公司的朴在民，这是我的名片。**
Huānyíng nín lái Hánguó. Wǒ shì Hányī gōngsī de Piáo Zàimín,
zhè shì wǒ de míngpiàn.

王经理　**这是我的名片，很高兴见到您。**
Zhè shì wǒ de míngpiàn, hěn gāoxìng jiàndào nín.

朴代理　**见到您我也很高兴。**
Jiàndào nín wǒ yě hěn gāoxìng.

王经理　**让您久等了，谢谢您来接我。**
Ràng nín jiǔ děng le, xièxie nín lái jiē wǒ.

朴代理　**您太客气了。路上辛苦了。**
Nín tài kèqi le.　Lùshang xīnkǔ le.

王经理　**不好意思，我想先去趟洗手间。洗手间在哪儿？**
Bù hǎoyìsi, wǒ xiǎng xiān qù tàng xǐshǒujiān. Xǐshǒujiān zài nǎr?

朴代理　**一直往前走，就能看到。**
Yìzhí wǎng qián zǒu, jiù néng kàndào.

王经理　**好的，请等我一下。**
Hǎo de, qǐng děng wǒ yíxià.

（从洗手间出来以后）

朴代理　　公司的车在9号出口。
　　　　　Gōngsī de chē zài jiǔ hào chūkǒu.

王经理　　好的，我们走吧。
　　　　　Hǎo de, wǒmen zǒu ba.

会话 ❷　迎接客人

🎧 01-2

（从机场到首尔的路上）

朴代理　王经理，您来过几次韩国？
Wáng jīnglǐ, nín láiguo jǐ cì Hánguó?

王经理　这是我第一次来韩国。
Zhè shì wǒ dì yī cì lái Hánguó.

朴代理　我先送您去酒店休息一下。
Wǒ xiān sòng nín qù jiǔdiàn xiūxi yíxià.

王经理　好的，谢谢。
Hǎo de, xièxie.

朴代理　有什么需要随时联系我。
Yǒu shénme xūyào suíshí liánxì wǒ.

王经理　好的。怎么联系您?
Hǎo de. Zěnme liánxì nín?

朴代理　可以加您的微信吗?
Kěyǐ jiā nín de Wēixìn ma?

王经理　当然可以，我的微信号是 wj888666。
Dāngrán kěyǐ, wǒ de Wēixìn hào shì wj bā bā bā liù liù liù.

朴代理　已经发过去了，请通过一下。
Yǐjīng fā guòqù le, qǐng tōngguò yíxià.

王经理　好的，加上了。
Hǎo de, jiāshàng le.

朴代理　我们大概一个小时后到酒店，您在车上先休息一下。
Wǒmen dàgài yí ge xiǎoshí hòu dào jiǔdiàn, nín zài chēshang xiān xiūxi yíxià.

经理
jīnglǐ　　명 기업의 책임자, 지배인, 사장, 매니저

예 这位是我们公司经理。　이분은 저희 회사 사장님이십니다.

欢迎
huānyíng　　동 환영하다

예 欢迎您的到来。　오신 것을 환영합니다.

接
jiē　　동 마중하다

예 他一会儿来接我。　그가 잠시 후에 나를 데리러 올 거야.

路上
lùshang　　명 도중

예 我现在在去公司的路上。　나는 지금 회사에 가는 중이다.

辛苦
xīnkǔ　　동 형 고생하다/ 수고하다

예 今天真是辛苦你了。　오늘 정말 수고하셨습니다.

送
sòng　　동 배웅하다, 보내다, 배달하다

예 我送你回家。　내가 집까지 데려다 줄게요.

随时
suíshí　　부 수시로, 언제나

예 有问题的话，随时问我。　문제가 있으시면 언제든지 물어보세요.

联系
liánxì　　동 연락하다

예 我明天联系您。　내일 연락 드리겠습니다.

通过
tōngguò　　동 통과하다, ~을(를) 통하다

예 我通过了考试。　나는 시험에 붙었다.

大概
dàgài　　부 대강(의), 대충(의)

예 我大概6点下班。　나는 6시쯤에 퇴근한다.

语法 어법 설명

1 能

能은 조동사로서 보통 동사 앞에 위치하여 능력이나 가능성 혹은 허락을 나타낸다. 한국어의 '~을 할 수 있다'는 뜻에 해당한다. 부정형은 不能이다.

- 我一次能喝两瓶啤酒。 [능력] 나는 한 번에 맥주 두 병을 마실 수 있어.
- 他一会儿能来。 [가능성] 그는 잠시 뒤에 올 수 있다.
- 我能坐这儿吗? [허락] 제가 여기 앉아도 될까요?

Key Point

조동사 能은 会와 비슷하면서도 다르다. 会와 能은 모두 능력을 나타낼 수 있다. 예를 들어 '我会说汉语。'와 '我能说汉语。'는 문법상 둘 다 가능하지만 의미에 차이가 있다. 会와 能은 모두 능력을 나타내지만, 会는 어떤 기술을 배워서 안다는 의미인 반면에 能은 원래 어떤 능력을 가지고 있다는 의미이다. 汉语는 배워서 아는 기술이라고 볼 수 있기 때문에 '我会说汉语。'가 더 적절한 표현이다.

● 能과 会의 차이점

1. 능력을 나타낼 경우: 능력의 일정한 정도나 수준 등을 구체적으로 나타내거나 어떤 능력을 회복했을 때는 能을 사용한다.
- 我一次能吃两碗饭。 ○ 나는 한 번에 밥 두 그릇을 먹을 수 있다.
- 我一次会吃两碗饭。 ✕

2. 가능성을 나타낼 경우: 能은 객관적인 가능성, 会는 어떤 가능성을 예측하거나 행위자의 주관적인 바람을 나타낸다.
- 这儿能放两台电脑。 [객관적 가능성] 여기에 컴퓨터 두 대를 놓을 수 있다.
- 明天可能会下雨。 [예측] 내일 비가 올 것이다.

3. 허락을 나타낼 경우: 能은 허락을 나타낼 수 있지만, 会는 이런 기능이 없다.
- 能告诉我您的电话号码吗? ○ 당신의 전화번호를 알려 주실 수 있나요?
- 会告诉我您的电话号码吗? ✕

미니테스트 能 또는 会를 사용하여 밑줄 친 부분을 채우세요.

❶ 他 _____ 喝5瓶啤酒。

② 电脑修好了，我又 _____ 用电脑写报告了。

③ 我往往 _____ 在运动后多吃。

④ 明天我 _____ 给你打电话的。

정답 ❶ 能 ❷ 能 ❸ 会 ❹ 会

2 往

往은 개사(전치사)로 방향을 나타내며 뒤에 방향이나 위치를 나타내는 방위명사가 온다. 우리말의 '~로 향하다'는 뜻에 해당하며, 항상 '동사＋往＋방향명사'로 표현한다. 또한 '往'은 동사 뒤에 올 수도 있다. 예를 들어 寄往, 飞往, 前往 등으로 쓴다.

- 你再往里面走一点儿。 안쪽으로 더 가 주세요.
- 这个包裹是寄往中国的。 이 소포는 중국으로 보내는 것이다.

Key Point

중국어의 개사는 한국어에는 없는 품사로 한국인 학습자에게 어려운 편이어서 개사 사용에 오류가 많이 발생한다. 개사는 영어의 전치사 in, at, from, to 등으로 보면 된다. 중국어의 개사는 일반적으로 뒤에 나온 명사와 함께 술어 앞에서 부사어로 쓰인다. 개사 往은 종종 개사 向과 구분이 어려우므로 다음의 차이점을 알아두자.

● 往과 向의 차이점

1. 往과 向은 모두 방향을 나타내는데, 向은 뒤에 방위명사나 일반명사가 올 수 있으나 往은 뒤에 꼭 방위명사나 장소를 나타내는 명사가 와야 한다.
2. 向은 행동의 대상을 나타낼 수도 있는데 往은 이런 기능이 없다.
3. 往과 向은 모두 동사 뒤에 올 수 있다. 往은 일반적으로 开, 运, 送, 飞, 寄 등 배송, 운송과 관련된 동사 뒤에 나온다. 向은 일반적으로 走, 跑 등 신체동작 뒤에 온다.

미니테스트 往이나 向을 사용하여 밑줄 친 부분을 채우세요.

① 这个包裹寄 _____ 中国。

② 他 _____ 我表示感谢。

③ 你再 _____ 前走100米就到了。

④ 他 _____ 我走过来。

정답 ❶ 往 ❷ 向 ❸ 往/向 ❹ 向

3 路上

어떤 목적지로 이동 중인 경우에 많이 사용하는 표현이다. 예를 들어 '나는 가는 중이다'를 중국어로 '我在路上。' 혹은 '我在去的路上。'이라고 표현한다. 대부분의 한국인 학습자들은 모국어의 영향으로 '我正在去。', '她在来。' 등으로 표현하게 되는데, 문법적으로 보면 틀린 표현은 아니지만 중국인들은 이런 표현을 잘 사용하지 않으며 일반적으로 사용하는 문형은 '(正)在＋去/来＋的路上。'이다.

미니테스트 적절한 중국어로 표현해 보세요.

❶ A: 他什么时候能来?

B: _____。그는 오고 있어요.

❷ A: 喂! 你在哪儿啊?

B: _____。나는 공항에 가고 있어요.

❸ 我还 _____。나는 출근길이에요.

정답 ❶ 他在来的路上/他在路上呢 ❷ 我在去机场的路上 ❸ 在上班的路上

4 大概

大概는 '대략', '대강', '아마' 등의 뜻으로 해석되며 수량이나 사건에 대한 추산, 예측을 나타낸다. 부사로 쓰일 경우에 일반적으로 수량사나 동사 앞에 온다.

• 我大概下午两点到北京。 나는 대략 오후 2시쯤 베이징에 도착한다.

• 他大概不想和我们签约了。 그는 아마 우리와 계약하기를 원하지 않는 것 같다.

句型 문형 설명

1

欢迎 + 사람/단체 + 동사구

欢迎은 일반적으로 명사, 동사구, 문장 등을 목적어로 취한다. 뿐만 아니라 '사람/단체+的+동사'도 欢迎의 목적어로 쓰일 수 있다.

- 光州欢迎您。 [명사] 광주에 오신 것을 환영합니다.
- 欢迎各位来我们公司参观访问。 [문장] 저희 회사에 방문해 주신 여러분을 환영합니다.
- 欢迎大家的到来。 [사람/단체 + 的 + 동사] 와 주신 모든 분들을 환영합니다.

2

很高兴 + 동사구

高兴은 동사 앞에 놓여 부사어로 쓰인다. 정도부사 很뿐만 아니라 非常, 特别 등의 정도부사도 사용할 수 있다.

- 很高兴见到您。 만나서 반갑습니다.
- 我非常高兴参加本次中韩经贸交流会。
  이번 한중 경제 무역 교류회에 참석하게 되어 매우 기쁩니다.

3

这是 + 주어 + 第 …… 次 + 동사구

어떤 동작이 몇 번째로 발생한 것인지를 표현할 경우에 사용한다.

- 这是我第二次访问光州。 이번이 두 번째 광주 방문입니다.
- 这是我们第一次和贵公司合作。 이번이 우리가 귀사와 맺는 첫 번째 협력입니다.

4

주어 + 送 + 사람 + 去/到/回 + 장소

동사 送은 여러 뜻이 있는데, 여기서는 '배웅하다', '바래다 주다'는 뜻을 나타내며 겸어문에서 쓰인다.

- 我开车送您去机场。 제가 차로 공항까지 배웅해 드리겠습니다.
- 我送你到门口。 제가 문까지 모셔다 드릴게요.
- 他昨天送我回的家。 그는 어제 나를 집까지 데려다 주었다.

1 ### 让您久等了。　오래 기다리시게 했네요.

주로 공적인 자리에서 쓰이며 상대방과의 약속 시간보다 늦게 도착한 경우에 사용한다. 항상 '不好意思，让您久等了。(죄송합니다. 오래 기다리시게 했네요.)'로 표현한다.

---

2 ### 您太客气了。　별 말씀을요.

공손한 표현으로 상대방이 겸손하거나 예의를 차리는 경우에 상대방에게 할 수 있는 표현이며 '예의를 차릴 필요가 없다, 안 그래도 된다'는 의미가 포함되어 있다. '您实在太客气了。(정말 겸손하시네요.)', '您真是太客气了。(정말로 겸손하시네요.)', '您不用这么客气。(이렇게 겸손하실 필요 없어요.)' 등 다양하게 표현할 수 있다.

A: 这是我的一点儿心意，请收下。　제 작은 성의예요. 받으세요.

B: 您太客气了，来就来呗，还买什么礼物啊?
뭘 이런 것까지. 그냥 오시면 되는데, 무슨 선물을 사오셨어요.

---

3 ### 随时联系我。　언제든지 연락 주세요.

일반적으로 상대방을 친절하게 대하거나 도와주고 싶은 경우에 쓰인다. 따라서 항상 '有困难随时联系我。(어려운 일이 있으면 연락 주세요.)', '有需要随时联系我。(필요한 것이 있으면 연락 주세요.)' 등의 표현으로 활용한다.

---

4 ### 可以加您的微信吗?　위챗 친구로 추가해도 될까요?

한국에 카카오톡이 있다면 중국에는 微信이 있다. 微信은 중국인들이 제일 널리 사용하는 연락수단이다. 수시로 연락할 수 있도록 친구 사이뿐만 아니라 동료 또는 업무상 연락하는 사람 사이에도 많이 사용한다. 상대방을 친구로 추가하려고 할 경우에 "可以加您的微信吗? (위챗 친구로 추가해도 될까요?)"라고 허락을 구한다. 상황에 따라 '您有微信吗? (위챗 있으세요?)', '告诉我一下您的微信号。(위챗 번호를 좀 알려 주세요.)' 등의 표현도 사용한다.

语法练习 문법 연습

1 빈칸에 들어갈 알맞은 제시어를 보기에서 찾으세요.

> 보기   一下   往   能   大概   高兴

① 请＿＿＿＿＿＿旁边挪一下。

② 很＿＿＿＿＿＿你这么信任我。

③ 我＿＿＿＿＿＿6点左右下班。

④ 麻烦您让＿＿＿＿＿＿。

⑤ 您明天＿＿＿＿＿＿来吗？

2 대화를 자연스럽게 완성할 문장을 보기에서 찾으세요.

> 보기   您太客气了。   让您久等了。
>
>   随时联系我。   可以加您的微信吗？

① A: 真是抱歉，＿＿＿＿＿＿＿＿＿＿＿＿＿＿

　 B: 没事儿，我也刚到。

② A: ＿＿＿＿＿＿＿＿＿＿＿＿＿＿

　 B: 当然可以。

③ A: 有事儿的话，＿＿＿＿＿＿＿＿＿＿＿＿＿

　 B: 好的，非常感谢。

④ A: 这件事儿能圆满解决，真是太感谢您了。

　 B: ＿＿＿＿＿＿＿＿＿＿＿＿＿＿，我也没帮什么忙。

3 다음 제시어를 알맞은 순서로 배열하여 문장을 완성하세요.

① 同意 / 我觉得 / 会 / 的 / 他

→ _____

② 积极 / 大家 / 参与 / 欢迎 / 本次活动

→ _____

③ 学汉语 / 他 / 第一次 / 这 / 是

→ _____

④ 是 / 本次航班 / 北京 / 飞往 / 的

→ _____

⑤ 需要 / 到机场 / 一个小时 / 大概

→ _____

4 다음 문장에서 틀린 부분을 찾아 바르게 고치세요.

① 这间会议室会坐50人。

→ _____

② 这是我第一次吃烤肉了。

→ _____

③ 他在大概睡觉。

→ _____

④ 笑一笑，往我看。

→ _____

⑤ 你一下解释今天的事儿。

→ _____

会话练习 회화 연습

1 다음 대화를 중국어로 말해 보세요.

① A: 오래 기다리게 했네요. 마중나와 주셔서 감사합니다.

　　B: 별말씀을요. 오시느라 수고하셨습니다.

　　A: _____

　　B: _____

② A: 한국에 몇 번 오셨습니까?

　　B: 이번에 처음으로 한국에 왔습니다.

　　A: _____

　　B: _____

③ A: 필요한 것이 있으시면 언제든지 연락 주세요.

　　B: 네. 어떻게 연락을 할까요?

　　A: _____

　　B: _____

④ A: 위챗 친구로 추가해도 될까요?

　　B: 그럼요.

　　A: _____

　　B: _____

2 그림을 보고 제시어를 활용하여 문장을 만들어 보세요.

① [往 / 挪]

➡ _____

② [公司 / 路上]

➡ _____

③ [送 / 机场]

➡ _____

④ [高兴 / 合作]

➡ _____

3 다음 문장을 제시어를 활용하여 중국어로 말해 보세요.

① 중요한 일 없으면 연락하지 마.　　　　　　　　　　　　[别(不要) / 联系]

➡ _____

② 저희 회사를 방문해 주신 것을 환영합니다.　　　　　　　[欢迎 / 访问]

➡ _____

③ 나는 손님을 호텔로 모셔다 드렸다.　　　　　　　　　　[送 / 酒店]

➡ _____

④ 나는 어디로 가야 할지 모르겠다.　　　　　　　[往 / 走]

➡ _____

⑤ 나에게 사실대로 얘기해 줘서 정말 기뻐.　　　　　　　[很高兴 / 说实话]

➡ _____

迎接客人

　　我是韩伊公司的朴在民，今天我去机场接一位中国客人，她是我们合作公司的王静经理。因为飞机晚点，所以我在机场等了好长时间，才接到她。我非常高兴，介绍了我自己，并递给她一张我的名片，她感到很不好意思，因为让我等了那么久。后来我送她去酒店，在路上我们聊得很开心。为了方便联系，我们还互加了微信。

 生 词

合作 hézuò 협력하다

递给 dìgěi 건네다, 건네주다

让 ràng ~에게 하도록 시키다

为了 wèile ~위하여

互加 hùjiā 서로 추가하다

晚点 wǎndiǎn (차, 선박, 비행기 따위가) 제시간 늦다

感到 gǎndào 느끼다, 여기다

后来 hòulái 그 후, 그 뒤에

方便 fāngbiàn 편리하다

중국의 호칭 예절

중국의 호칭 예절은 상황과 연령의 특징에 맞춰야 한다. 공식 석상이나 직장에서 상대방을 부를 때 상대방의 성씨에 직위를 붙이는데, 예를 들어 '王主任(왕 주임)', '张处长(장 처장)' 등이라고 한다. 어른을 부를 때는 바로 이름이나 '老张'이나 '老王'이라고 부르면 안 된다. 나이 차이가 많을 경우에는 윗사람의 성씨 뒤에 '老'를 붙여 존경함을 나타낸다. 예를 들어 '王老', '张老' 등이다. 지인, 친구, 이웃, 동료 등을 부를 때는 상대방의 이름을 불러도 된다. 친한 사이는 '春丽', '永花' 등처럼 성씨를 생략하여 불러도 되고, 아니면 성씨 앞에 '小', '大', '老'를 붙여 부를 수도 있다. 예를 들어 '小李', '老王' 등이 그러하다. 한국은 '장유유서' 관념 때문에 며칠 빨리 태어난 사람에게도 '오빠(형)', '언니(누나)'라고 불러야 하지만 반면에 중국에서는 2~3살 차이라면 서로 이름만 불러도 된다. 초면인 사람을 부를 때 상대방의 성별과 연령에 따라 부르는데, 예를 들면 '女士', '先生', '大妈', '师傅', '姑娘', '小伙子' 등이라고 해도 된다. 요새는 젊은 남성을 '帅哥', 젊은 여성을 '美女', '靓女'라고 부르는 것이 유행이다.

중국의 호칭

구분	상황	호칭
구면	공식 석상, 직장	상대방의 성씨에 직위를 붙임 (예 王主任，李科长)
	윗사람(존경스러운 사람)	성씨 + 老 (예 王老，李老)
	친한 사이	이름 (예 永花，庭满) 小/大/老 + 성씨 (예 小李，老王)
초면	일반 여성	女士
	일반 남성	先生
	일반 남성 노동자	师傅
	중노년 여성	大妈，大婶
	중노년 남성	大叔，大爷
	젊은 여성	姑娘，小姐 / 美女，靓女
	젊은 남성	小伙儿 / 帅哥
	어린 아이	小朋友

02

日程安排

商务汉语常用句型

❶ 24小时营业。　24시간 영업합니다.

❷ 共进晚餐。　저녁 식사를 함께 합니다.

❸ 您考虑得真周到。　세심하게 고려하셨네요.

会话 ❶ 介绍日程安排

🎧 02-1

（在酒店）

朴代理　王经理，我们到酒店了。
　　　　Wáng jīnglǐ, wǒmen dào jiǔdiàn le.

王经理　好的，辛苦了！
　　　　Hǎo de, xīnkǔ le!

朴代理　这是您的房卡，307号，您拿好，电梯在那边。
　　　　Zhè shì nín de fángkǎ, sān líng qī hào, nín náhǎo, diàntī zài nàbiān.

（边走边聊）

王经理　非常感谢。酒店附近的交通怎么样?
　　　　Fēicháng gǎnxiè. Jiǔdiàn fùjìn de jiāotōng zěnmeyàng?

朴代理　很方便，有地铁站，这附近坐出租车也很方便。
　　　　Hěn fāngbiàn, yǒu dìtiězhàn, zhè fùjìn zuò chūzūchē yě hěn fāngbiàn.

　　　　我会把酒店的名称和地址用微信发给您，方便您出行。
　　　　Wǒ huì bǎ jiǔdiàn de míngchēng hé dìzhǐ yòng Wēixìn fā gěi nín, fāngbiàn nín chūxíng.

王经理　太感谢了。
　　　　Tài gǎnxiè le.

朴代理　酒店一楼有便利店，24小时营业。
　　　　Jiǔdiàn yī lóu yǒu biànlìdiàn, èrshísì xiǎoshí yíngyè.

王经理　好的。
　　　　Hǎo de.

朴代理　那您先上去休息一下，我们下午5点在酒店门口见面。
Nà nín xiān shàngqù xiūxi yíxià, wǒmen xiàwǔ wǔ diǎn zài jiǔdiàn ménkǒu jiànmiàn.

王经理　好的，辛苦了！
Hǎo de, xīnkǔ le!

会话 ❷ 介绍日程安排

🎧 02-2

（下午五点见面以后）

朴代理 王经理好，您休息得怎么样？
Wáng jīnglǐ hǎo, nín xiūxi de zěnmeyàng?

王经理 睡了一觉，感觉很好。
Shuì le yí jiào, gǎnjué hěn hǎo.

朴代理 那我向您简单地介绍一下这几天的日程安排。
Nà wǒ xiàng nín jiǎndān de jièshào yíxià zhè jǐ tiān de rìchéng ānpái.

（递给王静日程安排表）

王经理 好的。
Hǎo de.

朴代理 5月12号上午10点，去参观一下公司，下午去工厂参观，
Wǔ yuè shí'èr hào shàngwǔ shí diǎn, qù cānguān yíxià gōngsī, xiàwǔ qù gōngchǎng cānguān,

晚上在酒店和我们产品策划部金部长共进晚餐。
wǎnshang zài jiǔdiàn hé wǒmen chǎnpǐn cèhuàbù Jīn bùzhǎng gòngjìn wǎncān.

5月13号，上午10点去景福宫参观，中午在景福宫附近
Wǔ yuè shísān hào, shàngwǔ shí diǎn qù Jǐngfúgōng cānguān, zhōngwǔ zài Jǐngfúgōng fùjìn

一家很有名的饭店用餐，下午2点去汉江游览。
yì jiā hěn yǒumíng de fàndiàn yòngcān, xiàwǔ liǎng diǎn qù Hànjiāng yóulǎn.

王经理 好的，您考虑得真周到。
Hǎo de, nín kǎolǜ de zhēn zhōudào.

朴代理　5月14号，上午10点去北村参观，中午在北村附近的饭店用餐，

Wǔ yuè shísì hào, shàngwǔ shí diǎn qù Běicūn cānguān, zhōngwǔ zài Běicūn fùjìn de fàndiàn yòngcān,

下午3点去明洞观光。

xiàwǔ sān diǎn qù Míngdòng guānguāng.

王经理　都是我想去的地方，太感谢你们了。

Dōu shì wǒ xiǎng qù de dìfang, tài gǎnxiè nǐmen le.

朴代理　公司安排了专车接送您，有什么不方便的地方，

Gōngsī ānpái le zhuānchē jiēsòng nín, yǒu shénme bù fāngbiàn de dìfang,

可以随时跟我联系。

kěyǐ suíshí gēn wǒ liánxì.

王经理　好的，谢谢！

Hǎo de, xièxie!

生词 새단어 🎧 02-3

房卡
fángkǎ　명 룸 카드 키
예 这是我的房卡。　이것은 제 방 카드 키입니다.

拿
ná　동 (손에) 쥐다, 가지다
예 你手里拿的是什么？　당신 손에 든 것은 무엇입니까?

电梯
diàntī　명 엘리베이터
예 电梯不在这边。　엘리베이터는 이쪽에 없습니다.

出行
chūxíng　동 외출하다
예 光州增加了地铁线，人们出行越来越方便了。
광주에 전철노선이 증설되어서 외출하기가 더욱 편리해졌다.

便利店
biànlìdiàn　명 편의점
예 附近又开了一家便利店。　근처에 또 편의점이 생겼다.

营业
yíngyè　동 영업하다
예 这家咖啡店营业到晚上十点。　이 커피숍은 밤 10시까지 영업한다.

感觉
gǎnjué　동 느끼다
예 我感觉他不喜欢我。　내가 느끼기에 그는 나를 좋아하지 않는다.

参观
cānguān　동 견학하다
예 今天我们去参观青瓷博物馆。　오늘 우리는 청자 박물관을 견학한다.

策划
cèhuà　명 기획, 계획
예 他负责这次活动的策划。　그는 이번 행사의 기획을 맡았다.

用餐
yòngcān　동 식사를 하다
예 祝大家用餐愉快！　모두 맛있게 식사하세요!

游览
yóulǎn　동 관광하다
예 我们打算游览光州的无等山。　우리는 광주의 무등산을 관광할 계획이다.

专车
zhuānchē　명 전용차
예 不用担心，我们公司专车接送。　염려 마세요. 회사 전용차로 모시겠습니다.

1 拿好

好는 동사 뒤에서 동작이 잘 마무리되었다는 뜻을 나타내며 결과보어로 쓰인다. 예를 들어 修好, 做好, 穿好, 吃好, 准备好 등이다. 목적어를 동반할 경우 '동사＋결과보어＋목적어'로 표현하는데, 목적어를 강조하기 위해 목적어가 문장 맨 앞이나 동사 앞에 오기도 한다.

· 我穿好衣服就下去。 옷 다 입고 내려갈게요.
· 资料已经准备好了。 자료는 이미 준비되었습니다.

Key Point

결과보어는 일반적으로 동사나 형용사이다. 자주 사용하는 결과보어로는 동사 完, 见, 到, 住, 懂 그리고 형용사 清楚 등이 있다.

· 今天的工作做完了。 [동사 完: 동작의 완성, 마침] 오늘 일을 마쳤다.
· 我从远处就听见了你的笑声。 [동사 见: 눈, 귀 등으로 사람이나 사물을 식별함]
　　　　　　　　　　　　　　나는 멀리서도 너의 웃음소리를 들었다.
· 我找了半天也没找到手机。 [동사 到: 목표의 달성] 나는 휴대전화를 한참 찾았는데도 찾지 못했다.
· 我没记住他的手机号。 [동사 住: 동작을 통해 무엇을 어디에 고정시킴]
　　　　　　　　　　　나는 그의 휴대전화 번호를 외우지 못했다.
· 这部电影我看懂了。 [동사 懂: 동작을 통해 내용을 이해함] 나는 이 영화를 보고 이해했다.
· 我没听清楚你说什么。 [형용사 清楚: 동작을 통해 내용을 명확히 앎]
　　　　　　　　　　　나는 네가 뭐라고 말하는지 잘 듣지 못했다.

💬 결과보어의 부정형은 동사 앞에 부정부사 没를 붙여서 '没＋동사＋결과보어＋목적어'로 표현한다.

미니테스트 빈칸에 들어갈 알맞은 답을 고르세요.

❶ 计划书＿＿＿＿＿了吗? 　　　　ⓐ 写完　ⓑ 写到　ⓒ 写见

❷ 我没＿＿＿＿＿昨天打印的资料。 　ⓐ 找好　ⓑ 找住　ⓒ 找到

❸ 我＿＿＿＿＿了经理告诉我的地址。 　ⓐ 记到　ⓑ 记住　ⓒ 记懂

정답 ❶ ⓐ　❷ ⓒ　❸ ⓑ

2 方便

方便은 형용사로 쓰이기도 하고 동사로 쓰이기도 한다. 동사로 쓰인 경우 方便 뒤에는 명사, 동사구, 주술구 등이 올 수 있으며 무엇을 편리하게 한다는 뜻을 나타낸다.

- 微信方便了人们的沟通。　위챗은 사람들의 소통을 편리하게 했다.
- 我们公司有食堂，方便职工就餐。　우리 회사는 식당이 있어서 직원들이 식사하기 편하다.

Key Point

중국어에는 두 가지 이상의 품사를 가진 어휘가 많다. 특히 동사·형용사 이 두 가지 품사를 가진 단어는 학습자가 혼동하기 쉬우므로 주의해야 한다. 예를 들어 热闹, 高兴, 冷淡, 亲近 등이 있다.

- 这条街最热闹。 [형용사] 이 거리가 가장 북적거린다.
- 我们打算疫情结束后热闹一下。 [동사] 우리는 전염병 사태가 끝나면 한번 모일 예정이다.
- 他是我最亲近的朋友。 [형용사] 그는 나의 가장 친한 친구이다.
- 我们都不愿意亲近他。 [동사] 우리는 모두 그와 가까이 하는 것을 원하지 않는다.

3 得

得는 구조조사로 '동사＋得＋정도보어'로 사용한다. 만약 목적어가 있으면 '동사＋목적어＋동사＋得＋정도보어'로 쓴다. 목적어를 강조하기 위해 첫 번째 동사를 생략할 수 있다. 정도보어는 술어 뒤에서 상태나 동작이 어느 정도에 도달했는지를 나타내며, 동작이나 상태의 묘사, 설명, 평가 등을 나타내기도 한다.

❶ 동사만 올 경우: 주어＋동사＋得＋(不)＋정도보어

- 我们昨天玩儿得很开心。　우리는 어제 신나게 놀았다.
- 他跑得不快。　그는 달리기가 빠르지 않다.

❷ 목적어가 올 경우: 주어＋(동사)＋목적어＋동사＋得＋(不)＋정도보어

- 我们(开)会开得很顺利。　우리의 회의는 순조로웠다.
- 你这件事考虑得不太周到。　너는 이 일을 세심하게 고려하지 못했다.

① 他 ⓐ 说 ⓑ 说得 ⓒ 怎么样?　　　[汉语]

② 他吃 ⓐ 饭吃 ⓑ 很快 ⓒ 。　　　[得]

③ 我 ⓐ 睡觉 ⓑ 睡得 ⓒ 好。　　　[不]

4 睡觉

睡觉는 이합동사이다. 이합동사는 동사와 명사가 결합한 단어로 그 자체로 술목 구조를 갖기 때문에 뒤에 목적어가 또 올 수 없다. 목적어는 이합동사 사이에 쓰거나 개사와 함께 동사 앞에 쓴다.

· 不要生他的气。　그에게 화 내지 마.
· 我明天要和客户见面。　나는 내일 고객과 만나려고 한다.

Key Point

● 이합동사 사용법

1. 동태조사(了/着/过), 시량보어, 동량보어는 이합동사의 동사 뒤에 온다.
· 我们见过面。　우리는 만난 적이 있다.
· 我昨天睡了七个小时觉。　나는 어제 잠을 7시간 잤다.

2. 중첩 형식은 이합동사의 동사 부분만 중첩한다.
· 有时间，咱们去咖啡厅聊聊天吧！　시간 있으면 우리 커피숍에 가서 얘기나 하자!
· 我周末一般跟朋友见见面，逛逛街。　나는 주말에 보통 친구와 만나서 쇼핑한다.

미니테스트 괄호 안의 제시어를 사용하여 밑줄 친 부분을 채우세요.

① 姐姐经常_____。　　　[帮忙 / 我]

② 我昨天_____。　　　[睡觉 / 三个小时]

③ 他打算向公司_____。　　　[请假 / 两天]

1 **주어 + 把 + 목적어 + 동사 + 给 + 대상**

특정 사물(목적어)을 누구에게 전달하거나 전송한다는 의미이다. 把는 개사로서, 뒤에 오는 목적어를 어떻게 처리하는가를 설명한다. 따라서 목적어는 명확한 것이어야 하며, 동사 뒤에는 반드시 기타성분이 와야 한다.

- 把桌子上的书递给我。 책상 위의 책을 나에게 건네 줘.
- 我把计划书交给客户了。 나는 계획서를 고객에게 전달했다.

★ 능원동사나 부사는 일반적으로 개사 把 앞에 온다.
- 你应该把开会时间写下来。 당신은 회의 시간을 적어 놓아야 해요.
- 他还没把地址告诉我。 그는 아직 주소를 나에게 알려 주지 않았다.

2 **用 …… + 동사구**

어떤 동작이나 행동의 수단·방법을 나타낼 때 사용한다.

- 我用汉语和他沟通。 나는 중국어로 그와 소통한다.
- 现在很多中国人都用支付宝结账。 현재 많은 중국인은 모두 알리페이로 결제한다.

3 **向/给 …… 介绍(一下) + 목적어**

일반적으로 무엇(목적어)을 누구에게 소개할 때 사용한다.

- 我向各位介绍一下我们公司的情况。 여러분께 저희 회사의 상황을 소개하겠습니다.
- 我给他介绍了我们公司产品的特点。 나는 그에게 우리 회사 상품의 특징을 소개했다.

4 **有 + 什么 + 동사/형용사 + 的 + (명사)**

什么는 질문의 의미가 아니라 술어인 동사나 형용사와 관련된 내용을 나타낸다.

- 最近有什么好看的电视剧，给我推荐一下。
  요즘 재미있는 드라마 있으면 추천 좀 해 줘.
- 你有什么要买的，我可以帮你在网上买。
  살 게 있으면 내가 온라인으로 사는 걸 도와 줄게.

1 **24 小时营业。**　24시간 영업합니다.

상점이나 식당의 영업 시간을 말할 때 주로 사용한다.

- 这家便利店 24 小时营业。　이 편의점은 24시간 영업한다.
- 我找到了一家 24 小时营业的饭店。　나는 24시간 영업하는 식당 한 곳을 발견했다.

2 **共进晚餐。**　저녁 식사를 함께 합니다.

일반적으로 공식적인 자리에서 사용하며 항상 '与/和……共进晚餐'으로 표현한다.

- 很高兴和您共进晚餐。　당신과 함께 저녁 식사를 하게 돼서 기뻐요.
- 这是我第一次与董事长共进晚餐。　이번이 회장님과 함께하는 첫 식사 자리입니다.

3 **您考虑得真周到。**　세심하게 고려하셨네요.

考虑周到는 아주 작은 것까지 살펴서 생각한다는 뜻으로 상대방을 칭찬할 때 자주 쓰는 표현이다. '세심하다', '용의주도하다' 등으로 해석한다. 여기서 정도부사 真은 非常, 很, 太 등으로 바꿔 쓸 수 있다.

语法练习

1 빈칸에 들어갈 알맞은 제시어를 보기에서 찾으세요.

> 보기　　方便　　　　把　　　　用　　　　介绍　　　　得

① 今天的会议结束＿＿＿＿＿太晚了。

② 你得＿＿＿＿＿汉语写报告。

③ 我＿＿＿＿＿资料放在桌子上了。

④ 手机＿＿＿＿＿了我们的生活。

⑤ 请你向大家＿＿＿＿＿一下今天的日程。

2 대화를 자연스럽게 완성할 문장을 보기에서 찾으세요.

> 보기　　24小时营业。
>
> 共进晚餐。
>
> 您考虑得真周到。

① A: 这件事＿＿＿＿＿＿＿＿＿＿

　 B: 您过奖了。

② A: 谢谢您邀请我与你们＿＿＿＿＿＿＿＿＿＿

　 B: 您太客气了。

③ A: 凌晨1点了，饭店都关门了。

　 B: 便利店＿＿＿＿＿＿＿＿＿＿，我们去那儿吧。

3 다음 제시어를 알맞은 순서로 배열하여 문장을 완성하세요.

① 介绍 / 我 / 一下 / 给您 / 当地美食
→ _____

② 八个小时 / 睡 / 他每天 / 觉 / 的
→ _____

③ 把 / 打印出来了 / 小王 / 已经 / 资料
→ _____

④ 不太 / 跑 / 他 / 快 / 得
→ _____

⑤ 现在 / 现金 / 我们 / 结账 / 不用
→ _____

4 다음 문장에서 틀린 부분을 찾아 바르게 고치세요.

① 老李唱歌得非常好。
→ _____

② 他把交给经理了资料。
→ _____

③ 我请假了一天。
→ _____

④ 我听了懂他说的话。
→ _____

⑤ 你不要生气我。
→ _____

会话练习

1 다음 대화를 중국어로 말해 보세요.

① A: 왕 사장님, 호텔에 도착했습니다.

B: 네. 수고하셨습니다!

A: _____

B: _____

② A: 호텔 근처의 교통이 어떻나요?

B: 편리하고 지하철도 있습니다.

A: _____

B: _____

③ A: 간략하게 요 며칠간의 일정을 소개해 드리겠습니다.

B: 네, 좋습니다.

A: _____

B: _____

④ A: 불편하신 것이 있으시면 언제든지 연락 주세요.

B: 네. 감사합니다!

A: _____

B: _____

2 그림을 보고 제시어를 활용하여 문장을 만들어 보세요.

① [手机 / 结账]

➡ _____

② [资料 / 交给]

➡ _____

③ [共进晚餐 / 您]

➡ _____

④ [收据 / 拿好]

➡ _____

3 다음 문장을 제시어를 활용하여 중국어로 말해 보세요.

① 프린터는 수리되었나요?   [复印机 / 好]

➡ _____

② 저는 보고서를 과장님께 갖다 드렸어요.   [把 / 交给]

➡ _____

③ 광주의 관광지를 좀 소개하겠습니다.   [介绍 / 旅游景点]

➡ _____

④ 요즘 학생들은 태블릿PC로 공부해요.   [平板电脑 / 学习]

➡ _____

⑤ 나는 보고서를 빨리 작성했다.   [报告 / 写]

➡ _____

介绍日程安排

　　我把王经理送到酒店后，帮她办理了入住手续。为了方便她的出行，我把酒店的名称和地址用微信发给了她，而且约好下午5点在酒店门口见面。等见面以后，我向王经理介绍了这几天的日程安排，期间，会陪她参观我们公司和景福宫、北村等有名的旅游景点。王经理对我们的安排十分满意，因为这几处景点都是她非常想去的地方。

生词

送 sòng 배웅하다, 바래(다)주다

入住手续 rùzhù shǒuxù 체크인

陪 péi 모시다, 동반하다

十分 shífēn 매우, 대단히

办理 bànlǐ 처리하다, 해결하다

约好 yuēhǎo 약속하다

景点 jǐngdiǎn 명소, 경치가 좋은 곳

处 chù 곳, 장소 [장소를 세는 단위로 쓰이기도 함]

중국의 2인칭 표현

2인칭 대명사는 중국어에서 사용률이 상당히 높다. 일상생활이나 직장에서, 또는 비즈니스 협상에서 많이 사용된다. 중국어의 2인칭은 '你'와 '您'이 있는데, 두 어휘의 글자와 발음, 사용은 차이점이 많다. 첫째, '您'은 '你' 아래에 '心'을 붙인 것이다. 둘째, '您'은 높임말로, 상대방에 대한 존경을 표시한다. 반면에 '你'는 하나의 호칭일 뿐이다. 셋째, 두 어휘의 발음이 다르다. '你'의 발음은 'nǐ'이며 '您'의 발음은 'nín'이다. 넷째, '你'의 복수는 '你们'인 반면에 '您'은 복수가 없다. 즉, 상대편이 두 사람이나 그 이상일 때 '您们'이라고 하면 안 되며 상황에 따라 '您二位', '您三位', '您诸位' 등으로 표현한다. 다섯째, 두 어휘의 사용은 큰 차이를 가진다.

중국어에서 '你'와 '您'은 연배, 직위, 인간관계 등의 부분에서 사용할 때 차이가 난다. 본인과 동년배, 본인보다 후배, 낮은 직위, 연하, 친한 사이 등의 사람과 대화할 때 '你'를 사용한다. 어른, 상사, 손님 등과 왕래할 때 '您'을 사용하며 상대방에 대한 존경과 겸손을 표시한다.

'你'와 '您'에 대응하는 한국어는 각각 '너'와 '당신'이다. '너'는 '你'와 사용이 거의 같으며 동년배, 지인 및 본인보다 후배, 낮은 직책, 연하 등의 사람인 경우에 쓰인다. 하지만 '당신'은 '您'과 사용이 완전히 다르다. 중국어의 '您'은 존칭으로 상대방에 대한 존경을 나타낸다. 반대로 한국어의 '당신'은 존칭이 아니다. 더욱 상대방에 대한 존경을 나타낼 수 없다. '당신'은 부부 사이에만 사용되거나 상대방과 시비를 걸 때 상대방에 대한 호칭으로 사용된다.

03

Listen

现场参观

商务汉语常用句型

❶ 这边请。 이쪽으로 오십시오.

❷ 贵公司的产品是内销还是出口?
귀사의 제품을 내수용입니까, 아니면 수출용입니까?

❸ 可以提供样品吗?
샘플을 제공해 주실 수 있습니까?

会话 ① 现场参观

03-1

金部长 　您好！王经理，我是产品策划部部长金在旭，
Nín hǎo! Wáng jīnglǐ, wǒ shì chǎnpǐn cèhuàbù bùzhǎng Jīn Zàixù,

这是我的名片，欢迎您来我们公司参观。
zhè shì wǒ de míngpiàn, huānyíng nín lái wǒmen gōngsī cānguān.

王经理 　您好！金部长，这是我的名片。
Nín hǎo! Jīn bùzhǎng, zhè shì wǒ de míngpiàn.

金部长 　王经理，这边请。
Wáng jīnglǐ, zhèbiān qǐng.

这里是我们公司的市场营销部，这位是营销部主任李文成。
Zhèlǐ shì wǒmen gōngsī de shìchǎng yíngxiāobù, zhè wèi shì yíngxiāobù zhǔrèn Lǐ Wénchéng.

王经理　您好，李主任，见到您很高兴。
　　　　Nín hǎo, Lǐ zhǔrèn, jiàndào nín hěn gāoxìng.

李主任　认识您我也很高兴。您是哪天到的韩国？
　　　　Rènshi nín wǒ yě hěn gāoxìng. Nín shì nǎ tiān dào de Hánguó?

王经理　我是昨天到的。
　　　　Wǒ shì zuótiān dào de.

李主任　您路上辛苦了。我带您去参观一下我们的产品研发部，
　　　　Nín lùshang xīnkǔ le. Wǒ dài nín qù cānguān yíxià wǒmen de chǎnpǐn
　　　　yánfābù,

　　　　顺便给您介绍一下我们公司的新产品。
　　　　shùnbiàn gěi nín jièshào yíxià wǒmen gōngsī de xīn chǎnpǐn.

王经理　好的，非常感谢。
　　　　Hǎo de, fēicháng gǎnxiè.

会话 ❷

新产品展示

🎧 03-2

（一起来到了产品研发部后）

李主任　王经理，这就是我们的产品研发部，
Wáng jīnglǐ, zhè jiù shì wǒmen de chǎnpǐn yánfābù,

研究人员在这里进行新产品的开发和产品的测试。
yánjiū rényuán zài zhèlǐ jìnxíng xīn chǎnpǐn de kāifā hé chǎnpǐn de cèshì.

王经理　很不错！
Hěn búcuò!

李主任　现在我来给您介绍一下我们的新产品。
Xiànzài wǒ lái gěi nín jièshào yíxià wǒmen de xīn chǎnpǐn.

王经理　好的，谢谢。
Hǎo de, xièxie.

李主任　您看，这就是我们最新研发的一款面膜。
Nín kàn, Zhè jiù shì wǒmen zuìxīn yánfā de yì kuǎn miànmó.

王经理　这款面膜都有什么功效？
Zhè kuǎn miànmó dōu yǒu shénme gōngxiào?

李主任　这款面膜不但补水效果好，而且还有抗皱、美白等功效。
Zhè kuǎn miànmó búdàn bǔshuǐ xiàoguǒ hǎo, érqiě hái yǒu kàngzhòu、
měibái děng gōngxiào.

王经理　贵公司的产品是内销还是出口？
Guì gōngsī de chǎnpǐn shì nèixiāo háishi chūkǒu?

李主任　我们的大部分产品都是出口的，主要出口到东南亚地区。
Wǒmen de dàbùfen chǎnpǐn dōu shì chūkǒu de, zhǔyào chūkǒu dào
Dōngnányà dìqū.

王经理　那么，它的零售价格是多少？可以提供样品吗？
Nàme, tā de língshòu jiàgé shì duōshao? Kěyǐ tígōng yàngpǐn ma?

李主任　零售价格是3万韩币。我们可以提供样品，但要收费。
Língshòu jiàgé shì sān wàn Hánbì. Wǒmen kěyǐ tígōng yàngpǐn,
dàn yào shōufèi.

王经理　谢谢您的介绍。辛苦了！
Xièxie nín de jièshào. Xīnkǔ le!

展示 zhǎnshì 동 전시하다, 드러내 보이다
예 今天展示的是新产品。 오늘 전시한 것은 신제품입니다.

策划 cèhuà 명동 기획/ 기획하다
예 我们正在策划宣传方案。 저희는 홍보 방안을 기획하고 있습니다.

哪天 nǎtiān 부 언제, 며칠
예 你哪天出差? 당신은 언제 출장 갑니까?

带 dài 동 안내하다, 인솔하다,
예 我带您去见王经理。 왕 사장님을 뵈러 제가 모시고 가겠습니다.

顺便 shùnbiàn 부 ~하는 김에
예 我上班的时候，顺便买了一杯咖啡。 나는 출근 길에 커피 한 잔을 샀다.

进行 jìnxíng 동 진행하다
예 我们要对新产品进行宣传。 우리는 신제품을 홍보해야 합니다.

内销 nèixiāo 명동 국내 판매/ 국내 판매하다
예 中国内销市场非常大。 중국 내수시장은 상당히 크다.

出口 chūkǒu 명동 수출/ 수출하다
예 我们公司产品以出口为主。 우리 회사의 제품은 수출 위주입니다.

零售 língshòu 명동 소매/ 소매하다
예 我们的产品只批发，不零售。 우리 제품은 도매만 하고 소매는 안 합니다.

收费 shōufèi 명동 유료/ 비용을 받다
예 这次活动是收费的。 이번 행사는 유료입니다.

语法 어법 설명

1 进行

进行은 '진행하다'라는 뜻의 동사로서 목적어를 가질 수 있는데 일반적으로 동사를 목적어로 갖는다. 주로 문어체에 쓰이며, 进行과 호응하는 동사는 지속성이 있고 공식적인 활동이다.

- 这个企划案要进行修改。 이 계획안은 수정해야 한다.
- 我们正在对合作项目进行讨论。 우리는 지금 협력 사안에 대해 논의 중이다.

Key Point

进行처럼 동사나 형용사를 목적어로 취하는 동사로는 觉得, 认为, 希望, 开始, 打算 등이 있다. 아래 문장에서 목적어는 모두 동사구나 주술구이며, 명사가 목적어로 쓰일 수 없다.

- 我觉得是他。 ○ 내 생각에 그 사람이다.
  → 我觉得他。 ✕
- 我希望你能来。 ○ 네가 올 수 있기를 바란다.
  → 我希望你。 ✕
- 我们开始上课。 ○ 우리는 수업을 시작한다.
  → 我们开始课。 ✕
- 他打算明年去中国。 ○ 그는 내년에 중국에 갈 것이다.
  → 他打算明年中国。 ✕

2 还是

还是는 선택 의미를 나타내는 접속사이다. 일반적으로 의문문에 쓰이며 두 가지 이상의 상황 중에서 하나를 선택한다는 의미이다.

- 你觉得价格高了还是低了? 당신이 생각하기에 가격이 높습니까 낮습니까?
- 经理是今天出差还是明天出差? 사장님의 출장은 오늘입니까 내일입니까?

Key Point

● 还是와 或者의 차이점

还是와 或者는 모두 선택을 나타내는 접속사이지만, 还是는 의문문에 쓰이며, 或者는 평서문에 쓰인다.

- 你学汉语还是日语? [의문문]
  너는 중국어를 공부하니 일본어를 공부하니?
- 我打算学汉语或者日语。 [평서문]
  나는 중국어나 일본어를 공부할 계획이다.

미니테스트 还是 또는 或者를 사용하여 밑줄 친 부분을 채우세요.

❶ 我一直在犹豫去首尔＿＿＿＿＿＿去釜山。

❷ 我决定坐高铁＿＿＿＿＿＿坐大巴去首尔。

❸ 你觉得谁会赢? 我＿＿＿＿＿＿他?

정답 ❶ 或者 ❷ 或者 ❸ 还是

3 是……的

❶ 的 뒤의 명사를 생략했을 때 보이는 구조이다.

- 这家店是新开的。 [的 뒤에 店 생략] 이 상점은 새로 개업했다.
- 他的头发是棕色的。 [的 뒤에 头发 생략] 그의 머리카락은 갈색이다.

❷ 과거에 이미 발생한 동작의 시간, 장소, 방식, 목적, 대상, 조건 등을 강조할 때 사용한다. 이때 청자가 동작이 발생했다는 것을 알고 있는 것을 전제로 한다. '주어 + 是 + 강조 내용 + 술어(동사) + 的'로 표현하며 是는 생략할 수 있다. 목적어는 일반적으로 的 뒤에 오지만, 목적어가 동사구일 경우에는 的 앞에 온다.

- 我是昨天来的光州。 [시간 강조]
  나는 어제 광주에 왔다.
- 我是从首尔来的光州。 [장소 강조]
  나는 서울에서 광주로 왔다.
- 我是坐高铁来的光州。 [방식 강조]
  나는 고속철을 타고 광주에 왔다.
- 我是和同事来的光州。 [대상 강조]
  나는 동료와 광주에 왔다.
- 我是为了签约来的光州。 [목적 강조]
  나는 계약을 하기 위해 광주에 왔다.

Key Point

'是……的' 구문에서는 的와 목적어의 위치가 중요하다. 목적어의 특징에 따라 문장에서의 위치가 다르므로 주의해야 한다.

1. 일반적으로 목적어는 的 뒤에 온다.
   - 我是跟朋友吃的饭。 나는 친구와 밥을 먹었다.
   - 我是在中国学的中文。 나는 중국에서 중국어를 공부했다.

2. 목적어가 동사구이면 的 앞에 온다.
   - 我们是从去年开始合作的。 우리는 작년부터 협력을 맺었다.
   - 我是因为他的声音才觉得他可爱的。 그의 목소리 때문에 나는 그가 귀엽다고 생각했다.

미니테스트 주어진 단어로 문장을 완성하세요.

① A: 你是什么时候来的?

    B: 我_____。 [刚才] 막 왔어.

② A: 这张照片是在哪里照的?

    B: 这张照片_____。 [公司会议室] 회사 휴게실에서 찍었어.

③ A: 你是什么时候开始学习汉语的?

    B: 我_____。 [高中] 고등학교 때 중국어 배우기 시작했어.

정답 ① 是刚才来的 ② 是在公司会议室照的 ③ 是高中开始学习汉语的

1 동사 + 一下 + (목적어)

一下는 동작의 횟수를 나타내며 '한번, 좀'이라는 뜻으로 짧은 시간에 어떤 동작을 하거나 어떤 동작을 시도함을 나타낸다. 看一下, 想一下, 等一下, 找一下 등으로 쓴다.

- 你尝一下我的炒饭。   내가 만든 볶음밥 좀 먹어 봐.
- 我想一下再告诉你。   생각 좀 해 보고 다시 알려 줄게.

★ 동작이 이미 발생했을 경우에 '了'는 동사와 '一下' 사이에 온다.
- 我看了一下他写的报告。   나는 그가 쓴 보고서를 보았다.
- 经理说了一下最近公司的情况。   사장은 최근 회사 상황을 말했다.

2 不但 …… 而且 ……

'~뿐만 아니라 또한 ~하다'라는 뜻으로 앞 문장과 뒷 문장이 긍정적 의미이든 부정적 의미이든 일치해야 한다. 而且 뒤에서 앞에 나온 내용을 보충 설명하고, 부사 还를 부가하기도 한다. 따라서 '不但……, 而且还……' 또는 '不但……, 还……'로 쓸 수 있다.

- 他不但长得帅, 而且非常善良。   그는 잘생겼을 뿐 아니라 무척 선량하다.
- 这家饭店的菜不但不好吃, 而且还很贵。
  이 식당의 음식은 맛도 별로이고, 또 매우 비싸다.

3 동사 + 到 + 시간/장소/범위/목표

'동사 + 到'는 보어로 쓰여 어떤 시간, 장소, 범위에 도달하거나 목표를 달성함을 나타낸다.

- 我昨天工作到凌晨两点。 [도달한 시간]
  나는 어제 새벽 2시까지 일했다.
- 我把车停到了公司门口。 [도달한 장소]
  나는 차를 회사 입구에 세웠다.
- 计划书写到一半了。 [도달한 범위]
  계획서를 절반 작성했다.
- 我找到了客户发给我的邮件。 [목표를 달성함]
  고객이 보낸 메일을 찾았다.

4

谢谢 + …… 的 + 동사

谢谢는 단독으로 쓰일 뿐만 아니라 감사하는 대상이나 내용을 목적어로 취할 수도 있다. 的 뒤에 동사가 올 수 있으며 일반적으로 2음절이나 2음절 이상이어야 한다. 이런 경우에 感谢로 바꿔 쓸 수 있다.

- 谢谢老师的鼓励。　선생님의 격려 감사합니다.
- 谢谢您的耐心指导。　인내심을 가지고 지도해 주셔서 감사합니다.

商务汉语常用句型

1 **这边请。** 이쪽으로 오십시오.

손님을 맞이하면서 '이쪽으로 가시죠.'라고 안내할 경우에 쓰는 표현이다. 앞에 您이나 호칭을 붙여도 된다. 공식 석상에서 쓰이며 '请这边走。'로 표현할 수 있다.

- 女士，这边请。 여성분, 이쪽으로 오세요.
- 我为您指路，这边请。 제가 길을 안내할게요. 이쪽으로 오세요.

---

2 **贵公司的产品是内销还是出口?**

귀사의 제품을 내수용입니까, 아니면 수출용입니까?

비즈니스 미팅 중 판매 경로를 언급할 때 항상 内销, 出口 등의 용어를 사용한다. 出口转内销라는 용어도 자주 사용하는데, '수출 상품의 국내 판매'로 해석한다.

---

3 **可以提供样品吗?** 샘플을 제공해 주실 수 있습니까?

'可以……吗? ' 구문은 일반적으로 상대방에게 허락을 얻을 때 사용한다. 이때 可以는 能으로 바꿔 쓸 수 있다.

语法练习

1 빈칸에 들어갈 알맞은 제시어를 보기에서 찾으세요.

> **보기**　　到　　　一下　　　进行　　　的　　　还是

① 我每天工作＿＿＿＿＿＿7点。

② 您看＿＿＿＿＿＿我们公司的简介。

③ 我们开车去＿＿＿＿＿＿坐高铁去?

④ 我们得＿＿＿＿＿＿核酸检测。

⑤ 这件事是他处理＿＿＿＿＿＿。

2 대화를 자연스럽게 완성할 문장을 보기에서 찾으세요.

> **보기**　　这边请。
>
> 可以提供样品吗?
>
> 我给您介绍一下。

① A: 请问，会议室在哪边?

　　B: ＿＿＿＿＿＿＿＿＿＿＿

② A: 这是我们公司新研发的产品，＿＿＿＿＿＿＿＿＿＿＿

　　B: 谢谢。

③ A: ＿＿＿＿＿＿＿＿＿＿＿

　　B: 当然可以。

3 다음 제시어를 알맞은 순서로 배열하여 문장을 완성하세요.

① 扔到了 / 他把 / 书 / 外面
➡ _____

② 大家 / 谢谢 / 关心 / 的
➡ _____

③ 调查 / 我们 / 在对这件事 / 进行
➡ _____

④ 为了公司 / 是 / 的 / 我 / 才这么做
➡ _____

⑤ 检查 / 有没有错误 / 再 / 一下 / 你
➡ _____

4 다음 문장에서 틀린 부분을 찾아 바르게 고치세요.

① 他说一下了会议内容。
➡ _____

② 我到上午十点睡了。
➡ _____

③ 你今天或者明天上课?
➡ _____

④ 我们明天还是后天开个会吧。
➡ _____

⑤ 这个计划书是他写。
➡ _____

会话练习

1 다음 대화를 중국어로 말해 보세요.

① A: 언제 한국에 오셨습니까?

B: 어제 왔습니다.

A: _____

B: _____

② A: 제가 저희 제품개발부서를 구경시켜 드리는 김에 저희 회사의 신제품도 소개해 드리겠습니다.

B: 네. 정말 감사합니다.

A: _____

B: _____

③ A: 귀사의 제품을 내수용입니까, 아니면 수출용입니까?

B: 상품 대부분이 수출용이고, 주로 동남아 지역으로 수출합니다.

A: _____

B: _____

④ A: 샘플을 제공해 주실 수 있나요?

B: 샘플은 제공해 드릴 수 있지만 비용이 있습니다.

A: _____

B: _____

2 그림을 보고 제시어를 활용하여 문장을 만들어 보세요.

① [尝 / 饺子]

➡ _____

② [工作 / 凌晨1点]

➡ _____

③ [冰咖啡 / 热咖啡]

➡ _____

④ [找到 / 手机]

➡ _____

3 다음 문장을 제시어를 활용하여 중국어로 말해 보세요.

① 이 요리는 보기도 좋고 맛도 좋네요.　　　　　　　[不但 / 而且]

➡ _____

② 저는 내일까지 호텔에 머무릅니다.　　　　　　　　[住 / 到]

➡ _____

③ 당신은 누구와 함께 식사했어요?　　　　　　　　　[和 / 一起]

➡ _____

④ 저희 회사를 간략하게 소개하겠습니다.　　　　　　[简单 / 介绍]

➡ _____

⑤ 회의는 2시입니까 아니면 3시입니까?　　　　　　　[会议 / 还是]

➡ _____

访问公司

今天王经理来公司参观考察，产品策划部金部长接见了王经理，营销部的李主任向她详细介绍了公司新研发的产品和产品的主要特点。王经理对产品的销售途径、销售地区和零售价格等问题进行了咨询，并希望公司提供样品。李主任明确表示我们公司可以提供样品，但不是免费，而是收费的。

考察 kǎochá 고찰하다

详细 xiángxì 상세하다, 자세하다

途径 tújìng 경로, 수단

明确 míngquè 명확하다

不是……而是…… búshì…érshì… ~이 아니고 ~이다

接见 jiējiàn 접견하다

销售 xiāoshòu 판매하다

咨询 zīxún 문의하다, 상담하다

表示 biǎoshì 표현하다, 표시하다

악수 예절

　　중국은 예로부터 각종 의례를 중시해 왔는데, 그 중에서도 악수는 매우 중요한 의례였다. 악수는 우호를 표시하는 일종의 의사소통 방식이라고 할 수 있다. 그렇다면 악수를 할 때 주의할 점은 무엇일까? 악수는 존자를 앞세우는 원칙에 따라야 한다. 공식 석상에서는 상급자가 먼저 손을 내민다. 일상생활에서는 어른과 여성이 먼저 손을 내민다. 스승과 제자 사이에는 스승이 먼저 손을 내민다. 집에서 손님을 대접할 경우에는 주인이 먼저 손을 내민다. 그리고 남자가 여자와 악수를 할 때는 오래 잡고 있거나 힘이 세게 가하면 안 된다. 여러 사람이 동시에 악수를 할 때는 교차 악수를 하면 안 된다. 문지방에 걸쳐서 악수해서도 안 된다. 손이 더럽거나 차갑거나 손에 물이나 땀이 있을 때 악수를 하는 것은 좋지 않으며, 악수를 하지 못하는 상황이라면 악수를 하지 않는 이유를 먼저 설명해 준다.

04

商务应酬

商务汉语常用句型

❶ 我敬您一杯。　제가 한 잔 드리겠습니다.

❷ 我先干为敬。　감사의 의미로 제가 먼저 잔을 비우겠습니다.

❸ 为我们的合作干杯！　우리의 협력을 위해 건배합시다!

会话 ❶ 在餐厅

🎧 04-1

金部长　大家请坐，王经理，这边请。
Dàjiā qǐng zuò, Wáng jīnglǐ, zhèbiān qǐng.

王经理　谢谢！
Xièxie!

金部长　今天为了欢迎王经理来韩国，我们特意准备了韩国的烤肉。
Jīntiān wèile huānyíng Wáng jīnglǐ lái Hánguó, wǒmen tèyì zhǔnbèi le Hánguó de kǎoròu.

王经理　谢谢您的关照。
Xièxie nín de guānzhào.

金部长　您太客气了。您先尝尝这些小菜。味道怎么样？
Nín tài kèqi le.　Nín xiān chángchang zhèxiē xiǎocài. Wèidào zěnmeyàng?

王经理　味道很不错。
Wèidào hěn búcuò.

金部长　这是我们这里最有名的"酱蟹"，来尝一下吗？
Zhè shì wǒmen zhèlǐ zuì yǒumíng de "Jiàngxiè", lái cháng yíxià ma?

王经理　这是我第一次吃，味道很特别。
Zhè shì wǒ dì yī cì chī, wèidào hěn tèbié.

金部长　在韩国去饭店吃饭的时候，都会上几道小菜，而且都是免费的。
Zài Hánguó qù fàndiàn chīfàn de shíhou, dōu huì shàng jǐ dào xiǎocài, érqiě dōu shì miǎnfèi de.

王经理　是吗？那我可要好好品尝一下。
Shì ma? Nà wǒ kě yào hǎohǎo pǐncháng yíxià.

会话 ② 在餐厅

🎧 04-2

（倒上韩国的烧酒）

金部长 来，我敬您一杯，远道而来辛苦了。
Lái, wǒ jìng nín yì bēi, yuǎn dào ér lái xīnkǔ le.

王经理 谢谢您的款待，我先干为敬。
Xièxie nín de kuǎndài, wǒ xiān gān wéi jìng.

金部长 呵呵呵，王经理真是爽快啊！来，尝尝烤肉吧。
Hēhēhē, Wáng jīnglǐ zhēnshì shuǎngkuài a! Lái, chángchang kǎoròu ba.

王经理 哇！又香又嫩，真是名不虚传！
Wā! Yòu xiāng yòu nèn, zhēnshì míng bù xū chuán!

金部长 请多吃点儿！
Qǐng duō chī diǎnr!

来，大家举杯，为我们的合作干杯！
Lái, dàjiā jǔbēi, wèi wǒmen de hézuò gānbēi!

王经理 好啊！也为我们的友谊干杯！
Hǎo a! Yě wèi wǒmen de yǒuyì gānbēi!

金部长/王经理 干杯！
Gānbēi!

应酬 yìngchou 　명 동 접대, 응대/ 접대하다, 응대하다

예 我最近应酬比较多。　나는 요즘 술자리가 비교적 많다.

特意 tèyì 　부 특별히, 일부러

예 我特意给你点了一杯热茶。　널 위해 특별히 따뜻한 차를 한 잔 주문했어.

关照 guānzhào 　동 보살피다

예 以后请多多关照。　앞으로 잘 부탁드립니다.

道 dào 　양 줄기, 항 [하천, 무지개, 문제, 경치, 요리 등을 세는 단위]

예 这是一道美丽的风景。　한 폭의 아름다운 풍경이네요.

特别 tèbié 　형 특별하다

예 他是一个很特别的人。　그는 아주 특별한 사람이다.

远道而来 yuǎn dào ér lái 　먼 곳에서 오다

예 您远道而来，真是辛苦了。　먼 길을 오시느라 정말 고생하셨습니다.

款待 kuǎndài 　동 환대하다, 극진히 대우하다

예 我们应该款待远道而来的朋友。　우리는 멀리서 온 친구를 환대해야 한다.

爽快 shuǎngkuài 　형 호탕하다, 시원시원하다

예 他是一个非常爽快的人。　그는 매우 시원시원한 사람이에요.

名不虚传 míng bù xū chuán 　성 명불허전, 명실상부하다

예 他真是一位名不虚传的企业家。　그는 정말 명불허전의 기업가이다.

举杯 jǔbēi 　동 잔을 들다

예 公司成立了，我们举杯庆祝。　회사가 창립됐으니 모두 잔을 들어 축하합시다.

合作 hézuò 　동 협력하다

예 我希望与您合作。　나는 당신과 협력하기를 바랍니다.

语法

1 为了

为了는 접속사이며 목적을 나타낸다. 일반적으로 앞 절에 나오며, 뒷 절에 올 때에는 是为了로 써야 한다. 즉 '……是为了 + 목적' 구문으로 표현한다.

- 为了能去中国工作，我在努力学习汉语。
  중국에 가서 일하기 위해 나는 중국어를 열심히 공부하고 있다.

- 我在努力学习汉语是为了能去中国工作。
  중국어를 열심히 공부하는 것은 중국에 가서 일하기 위해서이다.

Key Point

● 为了와 为의 비교

1. 모두 목적을 나타낼 수 있다. 일반적으로 문장 맨 앞에 온다. 이때 为로 대체 가능하다.

- 为了公司的发展，我们要努力工作。 회사의 발전을 위해 우리는 열심히 일해야 한다.

- 为了我们的友谊干杯! 우리의 우정을 위해 건배!

2. 为는 원인이나 이유를 나타내기도 한다. 이때는 为了로 대체 불가능하다.

- 我们为成功签约一起喝酒庆祝了一下。
  우리는 계약 체결 기념으로 함께 술을 마시면서 축하했다.

- 妈妈为孩子获得第一名，流出了激动的泪水。
  엄마는 아이가 일등을 해서 감격의 눈물을 흘렸다.

💬 위 예문에서 为 뒤의 내용은 이미 발생한 것이며 다음 행동의 원인을 나타낸다. 为了는 목적만 나타낼 수 있으므로 대체하여 사용할 수 없다.

3. 为는 동작이나 행동을 받는 대상이 올 수 있다.

- 我们要为公司服务。 [服务의 대상은 公司, 为了로 대체 불가능] 우리는 회사를 위해 일해야 한다.

- 我为您介绍一下我们公司。 [介绍의 대상은 您, 为了로 대체 불가능] 당신께 저희 회사를 소개할게요.

미니테스트 为了나 为를 사용하여 밑줄 친 부분을 채우세요.

① 我＿＿＿＿＿＿经理买了他喜欢的美式咖啡。

② ＿＿＿＿＿＿我们的未来，我们要共同努力。

③ 他＿＿＿＿＿＿当上了科长而请大家喝酒。

정답 ① 为 ② 为了/为 ③ 为

2 特意

特意는 부사로서 어떤 일만을 위해 일부러 어떤 행동을 하는 것을 나타내며 주관적인 바람이 강하다. '주어＋特意＋술어＋목적어' 문형으로 표현한다. 유사어는 特地, 特别, 专门 등이 있다.

- 我今天去接机，特意穿了一身西装。
  나는 오늘 공항에 마중을 가게 돼서 특별히 정장을 입었다.
- 这份礼物是我特意为您准备的。 이 선물은 제가 특별히 당신을 위해 준비한 거예요.

3 可

부사 可는 강조를 나타낸다. 문맥에 따라 여러 가지 뜻으로 해석할 수 있다.

❶ 应该, 得 등 능원동사와 결합하여 요구, 권유, 바람 등의 의미를 강조한다. '可＋应该/得/要＋술어'로 사용하며, '꼭', '제발', '부디' 등으로 해석한다.

- 你可要努力工作。 당신 꼭 열심히 일해야 해요.
- 我们可得庆祝一下。 우리 잠시 축하해야겠어요.

❷ 真, 太, 有点儿 등 정도부사와 결합하여 감탄문에 쓰이며 감탄을 강조한다. '정말', '매우' 등으로 해석한다.

- 你可太厉害了! 너무 대단해요!
- 他可真能干。 그는 정말 실력이 뛰어나요.

❸ 不, 没, 别 등 부정부사와 결합하여 부정을 강조한다. '절대로', '정말' 등으로 해석한다.

- 他可不是那种人。 그는 그런 사람이 절대 아니에요.
- 我可没告诉他。 나는 그에게 절대 말하지 않았어요.

4 好好

好好는 형용사 好의 중첩 형태이며 好好儿이라고 하기도 한다. 주로 구어체에서 쓰는 형용사를 중첩하여 사용하며, 원래 의미보다 정도가 더 세거나 높음을 나타낸다. 형용사처럼 술어, 보어, 부사어, 관형어 등으로 쓰인다.

- 她的头发长长的。 [술어] 그녀의 머리카락은 매우 길다.
- 她今天打扮得漂漂亮亮的。 [정도보어] 그녀는 오늘 무척 예쁘게 꾸몄다.
- 这项技术大大提高了工作效率。 [부사어] 이 기술은 작업 효율을 크게 향상시켰다.
- 他有一双大大的眼睛。 [관형어] 그는 커다란 두 눈을 가졌다.

+중첩 형식	1음절	AA	大大, 长长, 高高
	2음절	AABB	高高兴兴, 漂漂亮亮, 干干净净
	'명+형' 2음절	ABAB	火红火红, 雪白雪白, 漆黑漆黑

Key Point

1. 중첩된 형용사 앞에는 정도부사가 올 수 없다.
   - 今天是开开心心的一天。 ○ 오늘은 매우 신나는 하루다.
     → 今天是很开开心心的一天。 ✕

2. 중첩된 형용사가 술어나 정도보어로 쓰일 경우에 的를 붙인다.
   - 这个孩子漂漂亮亮的。 ○ 이 아이는 무척 예쁘다.　　• 他走得慢慢的。 ○ 매우 천천히 걷는다.
     → 这个孩子漂漂亮亮。 ✕　　　　　　　　→ 他走得慢慢。 ✕

3. 문어체나 부정적인 의미를 나타내는 형용사는 일반적으로 중첩할 수 없다.
   - 美 → 美美 ✕　• 容易 → 容容易易 ✕　• 难 → 难难 ✕　• 可爱 → 可可爱爱 ✕

미니테스트 다음 문장에서 틀린 부분을 고치세요.

① 我今天非常高高兴兴的。

② 这个房间大大。

③ 你要好工作。

정답 ❶ 非常 → 삭제　❷ 大大 → 大大的　❸ 好 → 好好

1 真是 …… 啊!

감탄을 나타내는 표현이며 항상 형용사가 真是와 호응한다. '真是好……啊', '真是太……了' 등의 표현도 사용한다.

- 这个孩子真是可爱啊! 이 아이는 정말 귀엽다!
- 孩子不努力，我真是生气啊! 아이가 노력하지 않으면 저는 정말 화가 나요!

2 又 …… 又 ……

두 가지 성질이나 성격, 상황이 존재하며 병렬관계를 나타낸다. 又는 부사로서 주어 뒤에 온다.

- 他长得又帅又高。 그는 생김새가 멋있고, 키도 크다.
- 每天又要上班，又要做家务。 매일 출근도 하고, 집안일도 해야 한다.

3 多 + 동사 + 点儿 + (명사)

'좀 더 많이 ~하다'의 의미로 명사는 생략 가능하다. 예를 들어 '多穿点儿(衣服) (옷을 좀 더 입다)', '多喝点儿(水) (물을 좀 더 마시다)', '多做点儿(工作) (일을 좀 더 하다)' 등으로 활용할 수 있다.

- 天冷了，出门时多穿点儿衣服。 날씨가 추워졌어. 외출할 때 옷을 두껍게 입어.
- 这么多好吃的，我得多吃点儿。 이렇게 맛있는 음식이 많다니, 많이 먹어야겠어.

商务汉语常用句型

1 **我敬您一杯。**　　제가 한 잔 드리겠습니다.

술자리에서 윗사람이나 손님에게 예의를 갖추어 정중하게 술을 권할 때 사용한다.

---

2 **我先干为敬。**　　감사의 의미로 제가 먼저 잔을 비우겠습니다.

술자리에서 상대방에게 술을 권할 때 사용하는 표현으로 내가 먼저 잔을 비워 예의를 갖춘다는 뜻이다. 항상 '我先干为敬，您请随意。(먼저 잔을 비울 테니 편하게 마시세요.)'라고 표현한다.

---

3 **为我们的合作干杯！**　　우리의 협력을 위해 건배합시다!

비즈니스를 하면서 술자리를 가질 때 항상 사용하는 표현이다. 상황에 따라 合作뿐만 아니라 友谊, 健康, 未来 등 모두 가능하다. 예를 들어 '为我们的友谊干杯！(우리의 우정을 위해 건배!)', '为大家的健康干杯！(모두의 건강을 위해 건배!)', '为我们的未来干杯！(우리의 미래를 위해 건배!)' 등 다양한 표현으로 쓸 수 있다.

语法练习

1 빈칸에 들어갈 알맞은 제시어를 보기에서 찾으세요.

보기   可   好好   为了   多   特意

① 我＿＿＿＿＿给你买了一杯冰咖啡。

② 他＿＿＿＿＿太过分了。

③ 你要＿＿＿＿＿学习公司业务。

④ ＿＿＿＿＿升职，他一直在努力工作。

⑤ 这道菜特别好吃，＿＿＿＿＿吃点儿。

2 대화를 자연스럽게 완성할 문장을 보기에서 찾으세요.

보기   我先干为敬。

我敬您一杯。

为我们的合作干杯！

① A: ＿＿＿＿＿＿＿＿＿＿，祝您身体健康！

B: 谢谢！

② A: 我非常高兴能和贵公司合作，大家举起酒杯，＿＿＿＿＿＿

B: 干杯！

③ A: 您随意，＿＿＿＿＿＿＿＿＿

B: 你真是好酒量啊！

3 다음 제시어를 알맞은 순서로 배열하여 문장을 완성하세요.

① 长得 / 他 / 的 / 高高

➡ _____

② 希望你 / 准备 / 好好 / 我 / 这个项目

➡ _____

③ 可 / 你 / 让我 / 不能 / 失望

➡ _____

④ 我 / 开会时间 / 特意 / 告诉了他

➡ _____

⑤ 真是 / 太 / 这个方案 / 了 / 棒

➡ _____

4 다음 문장에서 틀린 부분을 찾아 바르게 고치세요.

① 我不可知道他在哪儿。

➡ _____

② 你休息好好吧！

➡ _____

③ 你要喝水多点儿。

➡ _____

④ 又我要开会，又要出差。

➡ _____

⑤ 这个设备真是好先进了！

➡ _____

会话练习

1 다음 대화를 중국어로 말해 보세요.

① A: 오늘 왕 사장님께서 한국에 오신 것을 환영하기 위해 저희가 특별히 한국의 불고기를 준비했습니다.

B: 신경 써 주셔서 감사합니다.

A: _____

B: _____

② A: 이것은 이 식당에서 아주 유명한 "간장게장"입니다. 한번 드셔 보시겠습니까?

B: 이것은 처음 먹네요. 맛이 아주 특별해요.

A: _____

B: _____

③ A: 자, 제가 한 잔 드리겠습니다. 먼 길 오시느라 고생하셨습니다.

B: 환대해 주셔서 감사합니다. 감사의 의미로 제가 먼저 잔을 비우겠습니다.

A: _____

B: _____

④ A: 자, 모두 잔을 들고, 우리의 협력을 위해 건배합시다!

B: 좋습니다! 또 우리의 우정을 위해 건배합시다!

A: _____

B: _____

2 그림을 보고 제시어를 활용하여 문장을 만들어 보세요.

① [特意 / 打电话]

➡ _____

② [敬 / 一杯]

➡ _____

③ [友谊 / 干杯]

➡ _____

④ [多 / 吃]

➡ _____

3 다음 문장을 제시어를 활용하여 중국어로 말해 보세요.

① 나는 과일을 많이 사고 싶다.   [多 / 点儿]

➡ _____

② 손님을 맞이하기 위해서 풍성한 식사를 준비했다.   [为了 / 饭菜]

➡ _____

③ 제가 일부러 그에게 문자를 보냈어요.   [特意 / 发短信]

➡ _____

④ 너는 그에게 꼭 감사해야 해.   [可 / 感谢]

➡ _____

⑤ 오늘은 비도 오고 바람도 분다.   [又…又…]

➡ _____

盛情款待

　　今天公司请王经理共进晚餐，我们为王经理准备了韩国的特色美食烤肉。王经理先品尝了几道小菜，觉得很合胃口。然后我们一起喝酒，金部长先敬了王经理一杯，王经理一饮而尽，非常豪爽。她还一直感叹韩国烤肉名不虚传。最后，金部长提议为双方的合作干杯，于是大家都举起酒杯高喊一句：“干杯！”

生词

特色 tèsè 특색있다, 독특하다	然后 ránhòu 그리고 나서
一饮而尽 yì yǐn ér jìn 단숨에 다 마셔버리다	一直 yìzhí 줄곧, 계속해서
感叹 gǎntàn 감탄하다	最后 zuìhòu 맨 마지막
提议 tíyì 제안하다	双方 shuāngfāng 쌍방
于是 yúshì 그래서, 그리하여	高喊 gāohǎn 큰 소리로 외치다

中国文化知识 중국 문화 지식

술자리 예절

중국 손님과 술자리를 함께할 때, 실수하지 않도록 술자리 예절을 알아두면 좋다. 술자리에는 술 권하는 일이 반드시 필요하지만, 술 권하는 순서나 주객의 역할이 명확해야 한다. 술을 권할 때는 연령, 직위, 주체자 등을 고려해야 한다. 윗사람이라면 건배를 제의하면서 술잔을 부딪힐 때 보통 '我喝完，你随意。(먼저 술잔을 비울 테니 편하게 마셔요.)'라고 말한다. 상대방에 대한 배려와 넓은 도량을 나타내는 말이다. 아랫사람이라면 잔을 들어올려 예의를 표하고 잔을 비우도록 한다. 이때 상대방과 술잔을 부딪치지 않아도 된다. 술잔은 오른손으로 쥐고 왼손으로 받쳐서 마신다. 또 술잔이 비어 있지 않게 하고, 다른 사람의 잔이 비어 있으면 술을 채워준다.

술자리의 분위기를 띄우기 위해 건배 제의나 술 권하는 것 말고도 대화의 화제에도 신경 써야 한다. 개인의 취미나 관심사에 이야기가 치우치지 않도록 배려한다. 최대한 많은 사람이 참여할 수 있는 이야기를 많이 하고, 다수의 공감을 얻으면서 혼자 너무 많은 말을 하는 것을 삼가야 한다. 때로는 익살스러운 말 한마디가 손님들에게 깊은 인상을 남기며, 상대의 호감을 얻을 수 있다.

05

价格商谈 1

商务汉语常用句型

❶ 能告诉我贵公司的订购数量吗?
귀사의 주문량을 알려 주실 수 있습니까?

❷ 我们谈一下价格好吗?
가격에 대해 이야기 나누는 것 어떠십니까?

❸ 我们很有诚意与贵公司合作。
저희는 진심으로 귀사와 협력을 원합니다.

❹ 我等您的好消息。 좋은 소식을 기다리겠습니다.

会话 ❶ 洽谈中

🎧 05-1

王经理　金部长，我们对您介绍的面膜很感兴趣，
Jīn bùzhǎng, wǒmen duì nín jièshào de miànmó hěn gǎn xìngqù,

特别是对功效很满意。
tèbié shì duì gōngxiào hěn mǎnyì.

金部长　我们新研发的这款面膜补水效果更好，
Wǒmen xīn yánfā de zhè kuǎn miànmó bǔshuǐ xiàoguǒ gèng hǎo,

而且还有抗皱、美白等功效。
érqiě háiyǒu kàngzhòu、měibái děng gōngxiào.

王经理　我们计划订购这款面膜。
Wǒmen jìhuà dìnggòu zhè kuǎn miànmó.

金部长　可以。这款面膜的包装有三种颜色，每种颜色的功效都不同。
Kěyǐ.　Zhè kuǎn miànmó de bāozhuāng yǒu sān zhǒng yánsè, měizhǒng
yánsè de gōngxiào dōu bùtóng.

王经理　都有什么颜色？各有什么功效？
Dōu yǒu shénme yánsè? Gè yǒu shénme gōngxiào?

金部长　有蓝色、红色和黑色。蓝色的主要功效是补水，
Yǒu lánsè、hóngsè hé hēisè. Lánsè de zhǔyào gōngxiào shì bǔshuǐ,

红色是抗皱，黑色是美白。
hóngsè shì kàngzhòu, hēisè shì měibái.

王经理　一盒有几片？
Yì hé yǒu jǐ piàn?

金部长　一盒十片。能告诉我贵公司的订购数量吗？
Yì hé shí piàn. Néng gàosu wǒ guì gōngsī de dìnggòu shùliàng ma?

王经理　每种颜色订购三万盒。
　　　　Měizhǒng yánsè dìnggòu sān wàn hé.

金部长　没问题，我们库存充足。
　　　　Méi wèntí, wǒmen kùcún chōngzú.

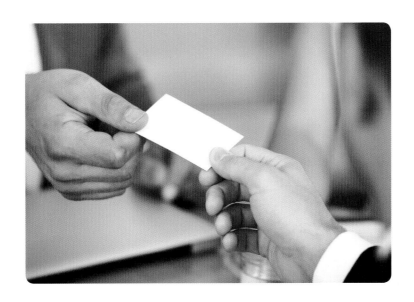

会话 ❷

洽谈中

🎧 05-2

王经理　现在我们谈一下价格好吗？
　　　　Xiànzài wǒmen tán yíxià jiàgé hǎo ma?

金部长　好的，订货量越多价格会越低。
　　　　Hǎode, dìnghuòliàng yuè duō jiàgé huì yuè dī.

王经理　如果我们订购三万盒，每盒的单价是多少？
　　　　Rúguǒ wǒmen dìnggòu sān wàn hé, měihé de dānjià shì duōshao?

金部长　这款面膜是新研发的，所以价格比较贵。
　　　　Zhè kuǎn miànmó shì xīn yánfā de, suǒyì jiàgé bǐjiào guì.

　　　　蓝色和红色价格一样，每盒八千韩币，
　　　　Lánsè hé hóngsè jiàgé yíyàng, měihé bā qiān Hánbì,

　　　　黑色稍微贵一点儿，每盒八千五百韩币。
　　　　hēisè shāowēi guì yìdiǎnr, měihé bā qiān wǔ bǎi Hánbì.

王经理　　您的报价有点儿高，我们得考虑一下。
　　　　　Nín de bàojià yǒudiǎnr gāo, wǒmen děi kǎolǜ yíxià.

金部长　　现在生产成本很高，这个价格已经是最低了。
　　　　　Xiànzài shēngchǎn chéngběn hěn gāo, zhè ge jiàgé yǐjīng shì zuì dī le.

王经理　　我们很有诚意与贵公司合作，价格可以再商量一下吗？
　　　　　Wǒmen hěn yǒu chéngyì yǔ guì gōngsī hézuò, jiàgé kěyǐ zài shāngliang
　　　　　yíxià ma?

金部长　　为了能与贵公司长期合作，我们开会研究一下，
　　　　　Wèile néng yǔ guì gōngsī chángqī hézuò, wǒmen kāihuì yánjiū yíxià,
　　　　　然后再跟您联系。
　　　　　ránhòu zài gēn nín liánxì.

王经理　　好的，我等您的好消息。
　　　　　Hǎode, wǒ děng nín de hǎo xiāoxi.

满意

mǎnyì　　형 만족하다, 만족스럽다

예 我对这家店的菜很满意。　저는 이 음식점의 요리에 만족합니다.

效果

xiàoguǒ　　명 효과

예 这种药效果很好。　이 약은 효과가 좋습니다.

订购

dìnggòu　　동 주문하다

예 您打算订购多少?　얼마나 주문하려고 하십니까?

包装

bāozhuāng　　명동 포장/ 포장하다

예 商品包装很重要。　상품 포장은 아주 중요합니다.

充足

chōngzú　　형 충분하다

예 我有充足的时间学习。　저는 공부할 시간이 충분합니다.

订货量

dìnghuòliàng　　명 주문량

예 最低订货量是多少?　최소 주문량이 얼마입니까?

单价

dānjià　　명 단가

예 单价有点儿高。　단가가 다소 높습니다.

稍微

shāowēi　　부 조금, 약간

예 今天稍微有点儿冷。　오늘 조금 춥습니다.

报价

bàojià　　동명 견적가/ 견적서를 내다

예 您的报价太高了。　견적가가 너무 높습니다.

诚意

chéngyì　　명 진심, 성의

예 我们非常有诚意。　우리는 정말 진심입니다.

语法

1 特别是

特别是는 문장에서 앞에 언급한 범위 내의 한 부분을 강조할 때 사용하며, 한국어의 '특히 ~'에 해당한다. 特别是 뒤에 명사구와 동사구가 모두 올 수 있다.

- 这家饭店的菜很好吃，特别是麻婆豆腐。
  이 호텔의 요리는 매우 맛있는데, 특히 마포더우푸가 그렇다.
- 他对运动非常感兴趣，特别是对足球感兴趣。
  그는 운동에 매우 관심이 많은데, 특히 축구에 그렇다.

2 计划

计划는 한국어의 '~할 계획이다'에 해당하며 항상 동사나 동사구를 목적어로 취한다. 즉, '计划＋동사＋목적어'로 표현한다.

- 他们计划去中国投资。 그들은 중국에 투자를 하러 갈 계획이다.
- 我计划买一辆车。 나는 차 한 대를 살 계획이다.

Key Point

计划는 동사로 쓰일 뿐만 아니라 명사로도 쓰인다.

- 你有什么计划? 당신은 어떤 계획을 가지고 있습니까?
- 我有一个很好的计划。 나는 좋은 계획을 하나 가지고 있다.

3 有点儿

有点儿은 부사로 쓰이며 한국어로 '약간, 조금'이라는 뜻이다. '有点儿 + 술어(형용사/상태동사)'로 표현한다.

- 今天有点儿冷。 오늘은 약간 춥다.
- 我有点儿想家。 나는 집이 조금 그립다.

Key Point ───────────────────────────────────

有点儿과 一点儿은 한국어로 모두 '조금'이라는 뜻이어서 한국인 학습자들이 이 두 어휘를 구분하지 못하는 경우가 많다. 두 어휘의 차이점은 다음과 같다.

1. 품사가 다르다.
有点儿은 부사이고 一点儿은 수량사이다. 有点儿은 술어 앞에 와서 부사어로 쓰이고, 一点儿은 명사 앞에서 관형어로 쓰이거나 형용사 뒤에 붙여 보어로 쓰인다.

2. 의미가 다르다.
有点儿과 一点儿은 모두 심하지 않은 정도를 나타내지만 의미에 차이가 있다. 有点儿은 형용사 앞에 올 때 일반적으로 자신의 느낌이나 약간 좋지 않은 느낌, 그리고 대체로 부정적인 의미를 나타낸다. 그러나 一点儿은 동사 뒤에 명사 앞에 올 때는 양이 적다는 의미를 나타내며 형용사 뒤에 올 때는 비교 의미가 포함되고 항상 비교문에서 쓰인다.

💬 有点儿과 一点儿은 보통 '有点儿 + 술어', '동사 + 一点儿 + 명사', '형용사 + 一点儿'의 형태로 쓰인다.

- 我有点儿困。 나는 조금 피곤하다.
- 我吃了一点儿面包。 나는 빵을 약간 먹었다.
- 我比她高一点儿。 나는 그녀보다 조금 크다.

미니테스트 有点儿이나 一点儿를 사용하여 문장을 완성하세요.

❶ 我＿＿＿＿＿＿想家。 나는 집이 조금 그립다.

❷ 我吃了＿＿＿＿＿＿蛋糕。 나는 케이크를 조금 먹었다.

❸ 他心情＿＿＿＿＿＿不好。 그는 기분이 약간 좋지 않다.

❹ 这双鞋比那双大＿＿＿＿＿＿。 이 신발은 저것보다 조금 크다.

정답 ❶ 有点儿 ❷ 一点儿 ❸ 有点儿 ❹ 一点儿

4 稍微

稍微는 정도부사이며 한국어로 '조금, 약간'이라는 뜻이다. 반드시 부사 有点儿이나 一点儿과 호응해야 하며, 항상 '稍微＋有点儿＋형용사/동사', 또는 '稍微＋형용사/동사＋一点儿'의 형태로 쓰인다.

- 今天稍微有点儿冷。 오늘은 약간 춥다.
- 这件衣服稍微大一点儿。 이 옷은 약간 크다.

Key Point

'稍微＋有点儿……'과 '稍微……一点儿'은 의미 차이가 있다. '稍微＋有点儿……'은 단순히 조금의 정도를 나타내는 것이고, '稍微……一点儿'은 비교 의미가 포함되어 있다. 따라서 今天稍微有点儿冷은 단순히 추운 정도를 나타내는 것이며, 这件衣服稍微大一点儿은 이 옷은 다른 옷보다 조금 크다는 의미를 나타내는 것이다.

미니테스트 稍微를 이용하여 중국어로 표현해 보세요.

① 他＿＿＿＿＿不高兴。 그는 약간 기분이 안 좋아요.

② 我＿＿＿＿＿累。 나는 조금 피곤해요.

③ 他＿＿＿＿＿高一点儿。 그는 나보다 조금 키가 커요.

정답 ❶ 稍微有点儿 ❷ 稍微有点儿 ❸ 比我稍微

句型

1 对 …… 感兴趣

'对……感兴趣'는 관심이 있는 분야나 취미 등을 나타낼 때 사용하며 한국어의 '~에 관심이 있다'에 해당한다. 정도에 따라 感兴趣 앞에 很, 非常, 比较, 太 등의 정도부사가 올 수 있으며 感兴趣의 부정형은 不感兴趣이다.

- 我对学习汉语很感兴趣。　나는 중국어 공부에 관심이 있다.

2 对 …… 满意

满意는 한국어의 '만족하다, 마음에 들다'에 해당한다. 마음에 드는 대상을 만나면 '对……满意', '满意……'로 표현할 수 있다. 满意도 感兴趣와 같이 앞에 정도부사가 올 수 있으며 부정형은 不满意이다.

- 我对这家饭店的服务很满意。　나는 이 식당의 서비스에 만족한다.
- 我很满意现在的工作。　나는 지금의 일이 마음에 든다.

3 能 …… 吗?

'能……吗'는 상대방에게 허락을 구할 때 사용하는 표현이며 能 대신 可以를 써도 된다.

- 能借用一下您的电话吗?　당신의 전화를 좀 빌려 써도 될까요?

4 越 …… 越 ……

'越……越……'는 한국어로 '~하면 할수록 ~하다'라는 뜻이며 항상 '주어 + 越 + 술어 + (주어) + 越 + 술어'의 형태로 쓰인다.

★ ① 越는 부사이기 때문에 주어 뒤/술어 앞에 놓아야 한다.
② 주어가 같을 수도 있고 다를 수도 있다.
③ 越에는 이미 높은 정도가 포함되어 있기 때문에 很, 非常 등 정도부사의 수식을 받을 수 없다.

- 他越吃越胖。　그는 먹을수록 살찐다.
- 他越说，我越饿。　그가 말을 할수록 나는 배가 고프다.

商务汉语常用句型

1 **能告诉我贵公司的订购数量吗?**　　귀사의 주문량을 알려 주실 수 있습니까?

가격 상담을 할 때 항상 사용하는 필수문장이며 주문량을 물을 때 사용하는 표현이다.

---

2 **我们谈一下价格好吗?**　　가격에 대해 이야기 나누는 것 어떠십니까?

이 표현은 가격 협상이 가능한 지 상대에게 의견을 구한다는 뜻으로, '……好吗'는 화자가 상대에게 제안하거나 의견을 구할 때 자주 사용하는 표현이다.

---

3 **我们很有诚意与贵公司合作。**　　저희는 진심으로 귀사와 협력을 원합니다.

与는 和, 跟과 같은 뜻이며 공식 석상에서만 사용한다. 협상할 때에는 与와 같은 고급스러운 어휘를 사용하는 것이 좋다. 또한 '我们很有诚意与贵公司长期合作。(저희는 진심으로 귀사와 장기 협력을 원합니다.)'라고 표현할 수도 있다.

---

4 **我等您的好消息。**　　좋은 소식을 기다리겠습니다.

원하는 결과가 나오기 전에 습관적으로 하는 표현이다. 중국 사람들은 항상 잘 됐으면 좋겠다는 기대감을 가지고 일을 진행하기 때문에 이런 표현을 많이 사용한다.

语法练习

1 빈칸에 들어갈 알맞은 제시어를 보기에서 찾으세요.

> 보기　　特别是　　　稍微　　　计划　　　有点儿　　　满意

① 我今天上班_____晚了一点儿。

② 他_____不太喜欢我。

③ 这是我的工作_____。

④ 我对他的态度不太_____。

⑤ 韩国菜很好吃，_____烤五花肉。

2 대화를 자연스럽게 완성할 문장을 보기에서 찾으세요.

> 보기　　能告诉我贵公司的订购数量吗？
>
> 　　　　我们谈一下价格好吗？
>
> 　　　　我们很有诚意与贵公司合作。
>
> 　　　　我等您的好消息。

① A: _____

　　B: 好的。

② A: _____

　　B: 我们打算订购1万件。

③ A: 我们确定好方案以后再跟您联系。

　　B: 好的，_____

④ A: _____

　　B: 我们也希望能与贵公司建立友好关系。

3 다음 제시어를 알맞은 순서로 배열하여 문장을 완성하세요.

① 计划 / 我们 / 去 / 明年 / 中国

→ _____

② 有点儿 / 这件 / 稍微 / 瘦 / 衣服

→ _____

③ 我 / 学习汉语 / 感兴趣 / 对 / 很

→ _____

④ 汉语 / 越 / 有意思 / 学 / 越

→ _____

⑤ 不太 / 我 / 现在的 / 满意 / 生活

→ _____

4 다음 문장에서 틀린 부분을 찾아 바르게 고치세요.

① 补习班很多，特别汉语补习班。

→ _____

② 我不对读书感兴趣。

→ _____

③ 今天他一点儿累。

→ _____

④ 我们稍微吃。

→ _____

⑤ 这台打印机比那台有点儿贵。

→ _____

会话练习 회화 연습

1 다음 대화를 중국어로 말해 보세요.

① A: 귀사의 주문량을 알려 주실 수 있습니까?

   B: 색상별로 3만 박스씩 주문하려고 합니다.

   A: _____

   B: _____

② A: 지금 가격에 대해 이야기 나누는 것 어떠십니까?

   B: 네. 주문량이 많으면 많을수록 가격이 낮습니다.

   A: _____

   B: _____

③ A: 견적가가 조금 높네요. (우리는) 고민을 해 봐야
      할 것 같네요.

   B: 현재 생산 원가가 높아서 이 가격은 이미 최저가입
      니다.

   A: _____

   B: _____

④ A: 저희는 진심으로 귀사와 협력을 원합니다. 가격을
      다시 협상할 수 있을까요?

   B: 귀사와 장기적으로 협력할 수 있도록 회의를 해서
      상의해 보겠습니다. 이후에 다시 연락 드리겠습니다.

   A: _____

   B: _____

2 그림을 보고 제시어를 활용하여 문장을 만들어 보세요.

① 　[满意 / 方案]

➡ _____

② 　[感兴趣 / 中国文化]

➡ _____

③ 　[稍微 / 冷]

➡ _____

④ 　[比 / 胖]

➡ _____

3 다음 문장을 제시어를 활용하여 중국어로 말해 보세요.

① 저는 결과에 만족합니다.　　　　　　　　　　[对 / 满意]

➡ _____

② 그는 중국 역사에 관심이 많습니다.　　　　　[对 / 感兴趣]

➡ _____

③ 설탕을 약간 넣어 주세요.　　　　　　　　　[稍微 / 一点儿]

➡ _____

④ 그가 말하면 말할수록 나는 배고파요.　　　　[越……越 / 说]

➡ _____

⑤ 이 직원들은 모두 열심히 하는데 특히 그가 그렇습니다.　[都 / 特别是]

➡ _____

价格商谈

　　韩伊公司的金部长与王经理对新研发的面膜进行了价格商谈。金部长为王经理介绍了新款面膜的颜色以及各个颜色的主要功效，王经理对这款面膜很感兴趣，并打算订购三万盒，金部长很有信心地向王经理表示库存充足。

进行 jìnxíng 진행하다

各个 gègè 각각(의)

打算 dǎsuàn ～하려고 하다

表示 biǎoshì 표현하다, 나타내다

以及 yǐjí 및, 그리고, 아울러

主要 zhǔyào 주로, 주요하다

信心 xìnxīn 자신, 확신

중국의 협상 예절(1)

비즈니스 협상 초반에는 서로의 첫인상이 아주 중요하므로 가능한 한 우호적이고 편안한 협상 분위기를 만들어야 한다.

자기소개를 할 때는 자연스럽고 대범해야 하며 거만한 기색을 드러내지 않도록 한다. 소개를 받은 사람은 일어서서 미소를 지으며 "幸会! (만나 뵙게 되어 기쁩니다!)", "请多关照! (잘 부탁드립니다!)" 등의 인사말을 할 수 있다. "请问您尊姓大名? (귀하의 존함은 어떻게 되십니까?)" 등을 상대방에게 물어볼 때는 겸손한 태도를 취하도록 한다. 명함이 있으면 두 손으로 건네거나 받아야 한다.

소개가 끝나면 양측이 공통으로 관심이 있는 주제를 선택하여 대화를 시작한다. 본격적인 협상으로 들어가기 전에 서로 간단히 인사하고 대화를 나누며 부드러운 분위기를 조성할 수 있도록 한다. 협상 초반에 적당한 제스처를 하는 것도 협상 분위기를 조성하는 데 큰 역할을 한다. 몇 가지 주의해야 할 제스처가 있다. 첫째는 시선 처리이다. 눈길은 상대방을 주시함으로써 상대방으로 하여금 관심을 받고 있으며, 진지한 자세로 협상에 임하고 있음을 느끼게 한다. 둘째는 손동작이다. 대화를 하면서 손바닥은 위로 보이도록 하고 손놀림이 경박하지 않도록 주의해야 한다. 셋째는 거만한 태도를 피하는 것이다. 특히 두 팔을 가슴 앞으로 팔짱을 끼는 행동은 거만하고 무례해 보이기 때문에 삼가야 한다.

협상 초반의 핵심은 상대방의 생각을 정확히 파악하는 것이기 때문에 상대방의 이야기를 경청하고 상대방의 표정이나 행동을 살펴야 한다. 그리고 적당히 반응해 주면 상대방의 의도를 알 수 있을 뿐만 아니라 존중과 예의를 나타낼 수도 있다.

06

购物

商务汉语常用句型

❶ 您觉得红参怎么样？ 홍삼이 어떨 것 같아요?

❷ 您想买什么样的红参？ 어떤 홍삼을 사고 싶으세요?

❸ 需要给您包装吗？ 포장해 드릴까요?

会话 ①

购物

06-1

金部长 王经理，明天您有什么安排?
Wáng jīnglǐ, míngtiān nín yǒu shénme ānpái?

王经理 我想给同事和家人买点儿礼物。
Wǒ xiǎng gěi tóngshì hé jiārén mǎi diǎnr lǐwù.

金部长 您想好买什么了吗?
Nín xiǎnghǎo mǎi shénme le ma?

王经理 您觉得红参怎么样?
Nín juéde hóngshēn zěnmeyàng?

我听说韩国的红参很有名。
Wǒ tīngshuō Hánguó de hóngshēn hěn yǒumíng.

金部长 红参非常好，是我们韩国的特产。
Hóngshēn fēicháng hǎo, shì wǒmen Hánguó de tèchǎn.

王经理　我听说很多人来韩国旅游，都会买一些红参。
Wǒ tīngshuō hěn duō rén lái Hánguó lǚyóu, dōu huì mǎi yìxiē hóngshēn.

金部长　对，因为红参对身体很好。
Duì, yīnwèi hóngshēn duì shēntǐ hěn hǎo.

王经理　那我就买红参吧。
Nà wǒ jiù mǎi hóngshēn ba.

金部长，您明天能陪我去吗？
Jīn bùzhǎng, nín míngtiān néng péi wǒ qù ma?

金部长　没问题，明天早上10点我在大厅等您。
Méi wèntí, míngtiān zǎoshang shí diǎn wǒ zài dàtīng děng nín.

会话 ❷ 购物

🎧 06-2

（到达红参店）

金部长　王经理，到红参店了，我们下车吧。
Wáng jīnglǐ, dào hóngshēndiàn le, wǒmen xiàchē ba.

王经理　好的，谢谢。
Hǎode, xièxie.

金部长　红参的种类很多，您想买什么样的红参？
Hóngshēn de zhǒnglèi hěn duō, nín xiǎng mǎi shénme yàng de hóngshēn?

王经理　买什么样的红参好一些呢？
Mǎi shénme yàng de hóngshēn hǎo yìxiē ne?

金部长　您想送给谁？
Nín xiǎng sòng gěi shéi?

王经理　我想送给父母。
Wǒ xiǎng sòng gěi fùmǔ.

金部长　这种红参非常适合老年人，价格也合理。
Zhè zhǒng hóngshēn fēicháng shìhé lǎoniánrén, jiàgé yě hélǐ.

王经理　那太好了。一盒可以喝多久？
Nà tài hǎo le. Yì hé kěyǐ hē duōjiǔ?

金部长　一盒是一个月的量。
Yì hé shì yí ge yuè de liàng.

王经理　那先买6盒吧。如果效果好，我再来买。
Nà xiān mǎi liù hé ba. Rúguǒ xiàoguǒ hǎo, wǒ zài lái mǎi.

金部长　需要给您包装吗？
Xūyào gěi nín bāozhuāng ma?

王经理　好啊，非常感谢。
Hǎo a, fēicháng gǎnxiè.

生词 🎧 06-3

安排   ānpái   명 동 스케줄/ 안배하다
예 我对贵公司的**安排**很满意。   저는 귀사의 일정에 만족합니다.

觉得   juéde   동 ~라고 느끼다
예 我**觉得**您的建议很不错。   저는 당신의 의견이 좋다고 생각합니다.

特产   tèchǎn   명 특산품
예 这是当地的**特产**。   이것은 현지의 특산품입니다.

旅游   lǚyóu   동 명 여행하다/ 여행
예 我想去中国**旅游**。   저는 중국으로 여행 가고 싶습니다.

陪   péi   동 모시다, 동반하다
예 我**陪**您去逛街。   제가 당신을 모시고 쇼핑하러 가겠습니다.

红参   hóngshēn   명 홍삼
예 **红参**的功效很多。   홍삼은 효능이 많다.

种类   zhǒnglèi   명 종류
예 化妆品的**种类**越来越多。   화장품의 종류가 갈수록 많아지고 있다.

适合   shìhé   동 적합하다, 맞다
예 这件衣服很**适合**你。   이 옷은 당신에게 잘 어울립니다.

合理   hélǐ   형 합리적이다
예 他说的话很**合理**。   그의 말은 합리적입니다.

包装   bāozhuāng   동 명 포장하다/ 포장
예 这个**包装**很漂亮。   이 포장은 예쁩니다.

语法

1 安排

安排는 명사뿐만 아니라 동사로도 쓰이며 한국어의 '스케줄, 일정/ 안배하다'라는 뜻이다.

- 我对你们的安排很满意。 [명사] 저는 여러분의 스케줄에 매우 만족합니다.
- 我来安排这次会议。 [동사] 제가 이번 회의를 안배하겠습니다.

2 觉得

觉得는 한국어의 '~라고 느끼다'라는 뜻이며 명사를 목적어로 취하지 못하고 동사구나 형용사구, 문장을 목적어로 취한다. 일반적으로 본인의 생각을 표현할 때는 '我觉得……'라고 하고, 상대방의 생각을 물을 때는 '你觉得……', '您觉得……'라고 표현한다.

- 我觉得这道菜很好吃。 나는 이 요리가 맛있다고 생각한다.
- 你觉得这个计划怎么样? 당신은 이 계획이 어떻다고 생각하십니까?

Key Point

명사를 목적어로 취하지 못하고 동사구나 형용사구, 문장을 목적어로 취하는 동사에는 觉得, 开始, 希望, 打算, 认为, 决定 등 있다.

- 我现在开始写报告。 나는 지금 보고서를 쓰기 시작했다.
- 我希望明天不下雨。 나는 내일 비가 안 오면 좋겠다.
- 他们打算下周去中国出差。 그들은 다음 주에 중국으로 출장 갈 계획이다.
- 我认为这件事很重要。 나는 이 일이 아주 중요하다고 생각한다.
- 他决定辞职。 그는 사직하기로 결정했다.

3 适合

适合는 동사이며 한국어로 '적합하다, 맞다'라는 뜻이다. 목적어를 가질 수 있으며 어떤 조건이나 필요성에 부합함을 나타낸다. 그리고 很, 非常, 太, 最 등의 정도부사와 잘 결합한다.

- 我很适合在办公室工作。　나는 사무실에서 일하는 게 맞다.
- 他非常适合当老师。　그는 선생님이 매우 어울린다.

Key Point

适合와 合适를 구분하지 못하는 경우가 많다. 두 어휘의 차이점은 다음과 같다.

1. 품사가 다르다.
   适合는 동사이고 合适는 형용사이다. 适合는 목적어를 가질 수 있는 데 반해 合适는 불가능하다. 따라서 适合와 合适는 '주어+适合+목적어', '주어+合适'의 형태로 쓰인다.

2. 의미에 차이가 있다.
   适合는 어떤 조건이나 필요성에 부합함을 나타내며, 合适는 적절하거나 적합한 정도를 나타낸다.

- 你很适合穿正装。　당신은 정장을 입는 게 어울려.
- 这双鞋正合适。　이 신발이 딱 맞는다.

미니테스트 适合나 合适를 사용하여 다음 문장을 완성하세요.

① 今天的天气非常＿＿＿＿＿旅游。

② 我觉得你这么做不太＿＿＿＿＿。

③ 你做的菜＿＿＿＿＿我的口味。

④ 这张桌子放在这儿正＿＿＿＿＿。

정답 ① 适合 ② 合适 ③ 适合 ④ 合适

4 陪

陪는 한국어로 '모시다, 동반하다'라는 뜻이다. 陪 뒤에는 윗사람이나 동반할 대상이 온다.

- 我陪您去医院。 제가 당신을 모시고 병원에 가겠습니다.
- 朋友陪我去逛街。 친구가 나와 함께 쇼핑을 간다.

Key Point

두 번째 예문 '朋友陪我去逛街'는 '친구가 나와 함께 쇼핑을 간다'는 뜻이다. 陪 뒤에 온 我는 쇼핑 하고 싶은 사람이고 朋友는 그냥 같이 가 주는 사람이다. 만약에 '我陪朋友去逛街'라고 하면 '朋友 (친구)'가 쇼핑하고 싶은 사람이 되고 '我(나)'가 그냥 함께 가 주는 사람이 되는 것이다.

句型 문형 설명

1 来 + 장소 + 旅游

旅游는 한국어로 '여행하다'라는 뜻이다. 여행 장소를 표현할 때, 장소는 旅游 앞에 놓아야 하며 일반적으로 '去/到/来 + 장소 + 旅游'로 표현한다.

- 我想去中国旅游。 나는 중국 여행을 가고 싶다.
- 欢迎您来韩国旅游。 한국에 여행 오신 것을 환영합니다.

2 对 …… 好

'对……好'라는 표현은 누구에게 잘해 주거나 어떤 면에 좋다는 뜻을 나타내며 한국어의 '~에/~에게 좋다'에 해당한다.

- 他对我很好。 그는 나에게 잘해 준다.
- 吃蔬菜对身体好。 채소는 건강에 좋다.

3 동사 + 给 + 누구

给는 일반적으로 동사로 쓰이며 한국어로 '~을/를 주다'라는 뜻이다. 送给처럼 동사 뒤에 붙어 보어로 쓰일 수도 있다. 送给와 같은 이런 표현은 술어인 동작을 통해서 전달하는 대상을 강조할 때 사용한다. 예를 들어 递给, 交给, 寄给 등이 있다. 보통 '동사 + 给 + 누구'의 형태로 쓰인다.

- 作业交给谁? 숙제는 누구에게 내나요?
- 这个包裹是寄给妈妈的。 이 소포는 엄마에게 부치는 것이다.

4 …… 的量

'……的量'은 보통 분량을 나타낼 때 사용하며 한국어의 '~치'에 해당한다.

- 这个药是三天的量。 이 약은 3일치이다.
- 我做的饭是一顿的量。 내가 만든 밥은 한 끼양이다.

商务汉语常用句型 06-4

① **您觉得红参怎么样?**　　홍삼이 어떨 것 같아요?

보통 상대의 생각을 물을 때 사용하는 표현이다. 대답할 때는 '我觉得……'로 표현한다.

---

② **您想买什么样的红参?**　　어떤 홍삼을 사고 싶으세요?

문장 중에 什么样은 중요한 의문대명사로 한국어의 '어떠한, 어떤 모양의'에 해당하며 일반적으로 구체적인 모양이나 모습을 물어볼 때 사용한다.

- 他是什么样的性格?　그는 어떤 성격인가요?
- 你喜欢什么样的手机?　어떤 스마트폰을 좋아하시나요?

---

③ **需要给您包装吗?**　　포장해 드릴까요?

상대방에게 이것을 원하는지 또는 이것이 필요한지를 물어볼 때 사용하는 고급스러운 표현이다. 항상 '需要……吗?'라는 구문으로 표현한다.

- 需要给您介绍一下吗?　당신께 좀 소개해 드릴까요?
- 需要帮忙吗?　도와드릴까요?

语法练习

1 빈칸에 들어갈 알맞은 제시어를 보기에서 찾으세요.

> 보기　　安排　　　觉得　　　陪　　　适合　　　好

① 我＿＿＿＿＿妈妈去买菜。

② 明天有客户来，你＿＿＿＿＿一下。

③ 你＿＿＿＿＿这么处理怎么样?

④ 你不太＿＿＿＿＿做这份工作。

⑤ 多吃蔬菜对身体＿＿＿＿＿。

2 대화를 자연스럽게 완성할 문장을 보기에서 찾으세요.

> 보기　　您觉得红参怎么样?
>
> 您想买什么样的红参?
>
> 需要给您包装吗?

① A: ＿＿＿＿＿＿＿＿＿＿＿

　B: 我想买适合老年人的。

② A: ＿＿＿＿＿＿＿＿＿＿＿

　B: 好的，非常感谢。

③ A: ＿＿＿＿＿＿＿＿＿＿＿

　B: 喝红参对身体好。

3 다음 제시어를 알맞은 순서로 배열하여 문장을 완성하세요.

① 这本书 / 老师 / 我想把 / 送给

➡ _____

② 去 / 旅游 / 我 / 下周 / 济州岛

➡ _____

③ 很 / 你 / 连衣裙 / 适合 / 穿

➡ _____

④ 大脑 / 吃 / 好 / 什么 / 对

➡ _____

⑤ 这么做 / 觉得 / 不对 / 我

➡ _____

4 다음 문장에서 틀린 부분을 찾아 바르게 고치세요.

① 我觉得他。

➡ _____

② 我想旅游中国。

➡ _____

③ 这件衣服很合适你。

➡ _____

④ 身体对喝茶好。

➡ _____

⑤ 报告书给科长交。

➡ _____

会话练习

1 다음 대화를 중국어로 말해 보세요.

① A: 저는 한국에 여행 온 많은 사람들이 홍삼을 산다고 들었어요.

　　B: 맞습니다. 홍삼이 건강에 좋기 때문이죠.

　　A: _____

　　B: _____

② A: 내일 저와 함께 가 주실 수 있으세요?

　　B: 문제없습니다. 내일 아침 10시에 로비에서 기다리겠습니다.

　　A: _____

　　B: _____

③ A: 이런 홍삼은 어르신들에게 매우 적합하고 가격도 합리적입니다.

　　B: 정말 좋네요.

　　A: _____

　　B: _____

④ A: 한 박스는 얼마 동안 마실 수 있나요?

　　B: 한 박스는 한 달 치의 양입니다.

　　A: _____

　　B: _____

2 그림을 보고 제시어를 활용하여 문장을 만들어 보세요.

①   [去 / 旅游]

➡ _____

②   [高跟鞋 / 适合]

➡ _____

③   [大脑 / 好]

➡ _____

④   [陪 / 奶奶]

➡ _____

3 다음 문장을 제시어를 활용하여 중국어로 말해 보세요.

① 과일을 먹는 것은 피부에 좋다.   [对 / 好]

➡ _____

② 이런 책은 아동에게 적합하다.   [适合 / 儿童]

➡ _____

③ 나는 이 선물을 친구에게 주고 싶다.   [送给 / 朋友]

➡ _____

④ 그는 중국에 여행 갈 계획이다.   [去 / 旅游]

➡ _____

⑤ 나는 현재의 생활이 매우 행복하다고 생각한다.   [觉得 / 幸福]

➡ _____

买红参

　　王经理在回国前想买些礼物送给同事和家人，金部长向她推荐了韩国的红参，因为红参不仅是韩国的特产，而且对身体非常好。后来，金部长陪王经理去了红参店，在红参店给王经理挑选了适合老年人、价格合理的红参，并让店员精心包装了一下，王经理非常满意。

 生词

回国 huíguó 귀국하다	推荐 tuījiàn 추천하다
不仅 bùjǐn ～뿐만 아니라	后来 hòulái 그 뒤에, 나중에
挑选 tiāoxuǎn 고르다, 선택하다	让 ràng ～하도록 시키다
精心 jīngxīn 정성껏, 세심하다	

중국인의 선물 풍습

중국에서는 선물을 할 때 주의해야 한다. 중국인들은 전통적으로 짝수를 좋아한다. 중국어에 '好事成双 hǎoshì chéngshuāng'이라는 표현이 있는데, 이 말은 '좋은 일은 쌍으로 온다'는 뜻이며, 이 표현에서 알 수 있듯이 '쌍' 역시 짝수이다. 중국인들은 짝수는 안정감을 주는 숫자라고 생각하고, 상대적으로 홀수는 불안정한 숫자라고 여긴다. 이런 이유로 중국에서는 큰 경사가 있을 때마다 모든 선물을 홀수가 아닌 짝수로 준비한다.

또한 흰색은 순결하고 흠이 없다는 뜻도 있지만 중국인들은 흰색을 상당히 꺼림칙해 한다. 왜냐하면 중국에서 흰색은 슬픔과 가난을 상징하는 색이기 때문이다. 검은색 또한 흉악하고 슬픈 색으로 불길한 것으로 여긴다. 반대로 붉은색은 기쁨, 화목, 경축의 상징으로 중국인들의 사랑을 받는 색이다.

또한 중국인들은 노인들에게 시계를 선물하지 않으며, 부부나 애인에게 먹는 배를 선물하지 않는다. 그 이유는 '시계를 선물하다'의 '送钟 sòngzhōng'과 '임종을 지키다'의 '送终 sòngzhōng'의 발음이 같고, 먹는 '배'의 '梨 lí'와 '헤어지다'의 '离 lí'의 발음이 같기 때문이다.

07

价格商谈 2

商务汉语常用句型

❶ 您看如何？　어떻게 생각하십니까?

❷ 我们各让一步。　우리 서로 한 발씩 양보하시죠.

❸ 就这么定了。　이렇게 정하겠습니다.

❹ 我也有同感。　저도 동감입니다.

会话 ❶

价格商谈 2

🎧 07-1

（再次商谈）

金部长　王经理，您上次说我们的报价有点儿高。
Wáng jīnglǐ, nín shàngcì shuō wǒmen de bàojià yǒudiǎnr gāo.

王经理　对，不知贵公司是否调整了价格？
Duì, bùzhī guì gōngsī shìfǒu tiáozhěng le jiàgé?

金部长　我们开会讨论了一下，最多降400韩币。
Wǒmen kāihuì tǎolùn le yíxià, zuìduō jiàng sìbǎi Hánbì.

　　　　您看如何？
Nín kàn rúhé?

王经理　还是有点儿高，能不能再降200韩币？
Háishi yǒudiǎnr gāo, néngbunéng zài jiàng èr bǎi Hánbì?

金部长　那不行，再降的话，我们还不够成本费呢。
Nà bùxíng, zài jiàng dehuà, wǒmen hái búgòu chéngběnfèi ne.

王经理　这样吧，我们各让一步，再降100韩币，一共降500韩币。
Zhèyàng ba, wǒmen gèràng yíbù, zài jiàng yì bǎi Hánbì, yígòng jiàng wǔ bǎi Hánbì.

金部长　那就这么定了。
Nà jiù zhème dìng le.

降500韩币，也就是蓝色和红色7500韩币，黑色8000韩币。
Jiàng wǔ bǎi Hánbì, yě jiùshì lánsè hé hóngsè qī qiān wǔ bǎi Hánbì, hēisè bā qiān Hánbì.

王经理　好，就按这个价格成交。
Hǎo, jiù àn zhège jiàgé chéngjiāo.

会话 ❷ 价格商谈 2

🎧 07-2

（成交后）

王经理　这次商谈非常成功。
　　　　Zhè cì shāngtán fēicháng chénggōng.

金部长　能与贵公司合作，我感到非常荣幸。
　　　　Néng yǔ guì gōngsī hézuò, wǒ gǎndào fēicháng róngxìng.

王经理　我也有同感。希望通过这次合作，能够增进我们彼此的了解。
　　　　Wǒ yě yǒu tónggǎn. Xīwàng tōngguò zhè cì hézuò, nénggòu zēngjìn
　　　　wǒmen bǐcǐ de liǎojiě.

金部长　这次价格谈得这么顺利也是两家公司的缘分。
　　　　Zhè cì jiàgé tán de zhème shùnlì yě shì liǎng jiā gōngsī de yuánfèn.

王经理　是啊，我们两家公司都是非常有诚意的。
　　　　Shì a, wǒmen liǎng jiā gōngsī dōu shì fēicháng yǒu chéngyì de.

金部长　对啊，所以我们很珍惜这次合作机会。
　　　　Duì a, suǒyǐ wǒmen hěn zhēnxī zhè cì hézuò jīhuì.

王经理　希望我们这次能够合作愉快！
　　　　Xīwàng wǒmen zhè cì nénggòu hézuò yúkuài!

金部长　不仅仅是这次合作，我也非常期待能够与贵公司长期合作。
　　　　Bùjǐnjǐn shì zhè cì hézuò, wǒ yě fēicháng qīdài nénggòu yǔ guì gōngsī
　　　　chángqī hézuò.

是否　shìfǒu　부 ~인지 아닌지

예 我不知道这件事是否是真的。　나는 이 일이 진짜인지 아닌지 모르겠다.

调整　tiáozhěng　동 조정하다, 조절하다

예 我们得调整一下计划。　우리는 계획을 좀 조정해야 한다.

降　jiàng　동 낮추다, 내리다

예 最近房价降了。　최근에 집값이 내렸다.

如何　rúhé　대 어떠냐, 어떠한가

예 您觉得这个价格如何?　이 가격이 어떻다고 생각하십니까?

成交　chéngjiāo　동 거래가 성립되다

예 我们最后没成交。　우리는 결국 거래가 성사되지 않았다.

荣幸　róngxìng　형 영광이다, 영광스럽다

예 我感到非常荣幸。　저는 매우 영광스럽게 생각합니다.

同感　tónggǎn　명 공감, 동감

예 我也有同感。　저도 동감입니다.

增进　zēngjìn　동 증진하다, 증진시키다

예 这样可以增进友谊。　이렇게 하면 우정을 돈독히 할 수 있습니다.

珍惜　zhēnxī　동 아끼다, 소중히 여기다

예 我们要珍惜时间。　우리는 시간을 소중히 여겨야 한다.

愉快　yúkuài　형 기분이 좋다, 유쾌하다

예 今天过得很愉快。　오늘 즐거웠습니다.

1 按

按은 한국어로 '~에 따라서, ~대로'라는 뜻이다. 按这个价格成交와 같이 항상 '按 + 명사'로 표현한다.

- 我们按原计划进行。　우리는 원래 계획대로 진행한다.
- 你按我的方法试一下。　우리 방식대로 한번 해봐.

2 彼此

彼此는 명사이며 한국어로 '서로, 상호'라는 뜻이다. 문장에서 항상 부사어와 관형어로 쓰이며 '彼此 + 동사', '彼此的 + 명사'로 표현한다.

- 我们彼此尊重。　우리는 서로 존중한다.
- 这是我们彼此的缘分。　우리는 서로 인연이다.

Key Point

彼此는 互相과 똑같이 한국어 '서로'라는 뜻으로, 두 어휘를 혼동하기 쉬우나 彼此는 대명사이고 互相은 부사이므로 차이가 있다. 彼此는 대명사로서 명사를 수식하는 반면에, 互相은 부사로서 명사가 아닌 동사를 수식한다. 예를 들어 '互相帮助(서로 돕다)', '互相支持(서로 응원하다)' 등 표현들이 그렇다. 따라서 彼此的了解는 互相的了解로 바꿀 수 없다.

미니테스트 彼此나 互相을 사용하여 다음 문장을 완성하세요.

① 我们应该＿＿＿＿＿＿尊重。

② 这是我们＿＿＿＿＿＿的秘密。

③ 我觉得分开对＿＿＿＿＿＿都好。

정답 ❶ 彼此/互相　❷ 彼此　❸ 彼此

3 感到

感到는 외부로부터 영향을 받아 새롭게 어떤 기분, 인식, 경험이 생길 때 사용하는 표현으로 한국어로 '느끼다, 여기다'라는 뜻이다. 感到는 항상 荣幸 róngxìng, 高兴 gāoxìng, 幸福 xìngfú, 开心 kāixīn, 自豪 zìháo, 抱歉 bàoqiàn, 悲伤 bēishāng, 愧疚 kuìjiù, 害怕 hàipà 등 감정을 나타내는 형용사나 동사와 결합한다.

· 能参加这次会议，我感到非常荣幸。 이번 회의에 참석할 수 있어서 매우 영광입니다.
· 收到您的来信，我感到很高兴。 네 편지를 받아서 나는 매우 기뻐.

4 啊

啊는 어기조사로 문장 끝에 오며 한국어의 어미로 생각하면 된다. 여기서는 감탄, 긍정의 의미를 나타낸다. '是啊', '对啊'는 상대편의 말에 동의하면서 감탄의 뜻으로 啊를 사용하는 것이다. 또한 말을 부드럽게 만드는 기능이 있다.

· A: 明天就要开学了。 내일이 개학이야.
  B: 是啊，新学期又开始了。 맞아, 새 학기가 또 시작하네.

1

주어 + 说 ……

어떤 내용을 말할 때 쓰이며, 한국어의 '(~라고) 말하다'에 해당한다. 말하고자 하는 구체적인 내용은 说 뒤에 나오는데, 说 뒤에는 명사구, 동사구, 문장 등 다양한 구조가 올 수 있다.

- 经理说明天聚餐。   사장님께서 내일 회식이라고 말씀하셨다.
- 我说昨天的商谈很成功。   나는 어제의 협상이 성공적이라고 말했다.

2

不知 …… 是否 ……

'~한지 아닌지 모르겠다'는 뜻이다. 不知는 한국어로 '~을 모르다'라는 뜻이 있지만 여기서는 질문할 때 사용하는 표현이다. 일반적으로 공식 석상에서 쓰이며 상대편에게 답을 요구한다는 의미가 내포되어 있다. 항상 是否와 같은 의문부사나 의문대명사 등과 호응한다.

- 不知您是否同意?   당신은 동의하시는지요?
- 不知贵公司是否能考虑一下?   귀사에서 고려해 봐주실 수 있을까요?

3

不仅仅 ……, 也/还 ……

不仅仅은 한국어로 '~만이 아니라, ~뿐만 아니라'라는 뜻으로 不仅과 같은 뜻이자 강조의 표현이다. 상황에 따라 뒤에 항상 也, 还 등의 부사와 호응한다.

- 他不仅仅是我的同事, 也是我的朋友。
  그는 나의 동료일 뿐 아니라 내 친구이기도 하다.
- 我不仅仅喜欢学习汉语, 还喜欢中国文化。
  나는 중국어 공부를 좋아할 뿐 아니라 중국 문화도 좋아한다.

商务汉语常用句型

1 **您看如何?**　　어떻게 생각하십니까?

상대방의 생각을 물을 때 사용하는 표현이다. 如何는 공식 석상에서 쓰이는데, 한국어의 '어떠냐, 어떠한가'에 해당하며 여기서는 怎么样과 같은 뜻이다.

A: 这是明天的日程安排，您看如何?　내일 일정입니다. 어떠신가요?
B: 行，挺好的。　괜찮습니다, 너무 좋네요.

---

2 **我们各让一步。**　　우리 서로 한 발씩 양보하시죠.

일반적으로 가격 등을 협상할 때 사용하는 표현이다.

---

3 **就这么定了。**　　이렇게 정하겠습니다.

비즈니스 필수문장으로, 일반적으로 상의의 과정을 거쳐 마지막으로 결정할 때 사용하는 표현이다.

---

4 **我也有同感。**　　저도 동감입니다. / 저도 그렇게 생각합니다.

일반적으로 누구와 공감이 될 때 사용하는 표현이다.

A: 最近房价好贵啊!　최근 집값이 너무 비싸네!
B: 我也有同感。　나도 그렇게 생각해.

语法练习

1 빈칸에 들어갈 알맞은 제시어를 보기에서 찾으세요.

> 보기   是否   按   彼此   感到   不仅仅

① 我们需要＿＿＿＿＿＿信任。

② 你＿＿＿＿＿＿能加班?

③ 我们得＿＿＿＿＿＿规定办。

④ 他＿＿＿＿＿＿聪明，还很帅。

⑤ 我对这件事＿＿＿＿＿＿抱歉。

2 제시된 문장을 이용하여 대화를 완성해 보세요.

> 보기   您看如何?
> 我们各让一步。
> 就这么定了。
> 我也有同感。

① A: ＿＿＿＿＿＿＿＿＿＿＿＿＿＿

    B: 好的，就按这个计划进行。

② A: 我们打算下周进行洽谈，＿＿＿＿＿＿＿＿＿＿

    B: 好，就这么进行。

③ A: 这部电影很现实。

    B: ＿＿＿＿＿＿＿＿＿＿＿＿＿＿

④ A: 您这件衣服要300元，我说200元，那＿＿＿＿＿＿＿＿＿＿

       250元怎么样?

    B: 好，我同意。

3 다음 제시어를 알맞은 순서로 배열하여 문장을 완성하세요.

① 要求 / 一份 / 请按 / 写 / 计划书
➡ _____

② 的 / 这是 / 信任 / 我们彼此
➡ _____

③ 我感到 / 高兴 / 见到您 / 非常
➡ _____

④ 您 / 有时间 / 是否 / 不知 / 参加
➡ _____

⑤ 他也 / 不仅仅 / 我知道 / 知道
➡ _____

4 다음 문장에서 틀린 부분을 찾아 바르게 고치세요.

① 请说明书按组装。
➡ _____

② 我们十分彼此了解。
➡ _____

③ 我很感到悲伤。
➡ _____

④ 不知是否您方便?
➡ _____

⑤ 不仅仅我喜欢读书，还喜欢运动。
➡ _____

会话练习 회화 연습

1 다음 대화를 중국어로 말해 보세요.

① A: 그럼 이렇게 합시다. 우리 서로 한 발씩 양보해서 100원씩만 더 내려 총 500원 내립시다.

B: 그럼 이렇게 정하겠습니다.

A: _____

B: _____

② A: 왕 사장님, 지난번에 우리의 제시 가격이 조금 높다고 말씀하셨습니다.

B: 맞습니다. 귀사에서 가격을 좀 조정하셨는지 모르겠습니다.

A: _____

B: _____

③ A: 이번 협상은 아주 성공적이었습니다.

B: 귀사와 협력할 수 있게 되어 영광스럽게 생각합니다.

A: _____

B: _____

④ A: 우리가 이번에 즐겁게 협력할 수 있기 바랍니다!

B: 이번 협력뿐만 아니라 저 역시 귀사와 오랫동안 협력할 수 있기를 기대합니다.

A: _____

B: _____

2 그림을 보고 제시어를 활용하여 문장을 만들어 보세요.

① [彼此的健康 / 干杯]

→ _____

② [按 / 这个方法]

→ _____

③ [感到 / 害怕]

→ _____

④ [不知……是否 / 记得]

→ _____

3 다음 문장을 제시어를 활용하여 중국어로 말해 보세요.

① 나는 친구에게 내일 회사에 간다고 말했다.   [对 / 说]

→ _____

② 내 말대로 해요.   [按 / 做]

→ _____

③ 엄마의 응원 덕분에 행복합니다.   [支持 / 感到]

→ _____

④ 당신께서 동의하실지 모르겠습니다.   [不知 / 是否]

→ _____

⑤ 우리 회사의 프린터는 작을 뿐 아니라 오래되기도 했다. [不仅仅……，还…… / 旧]

→ _____

第二次价格商谈

　　由于韩伊公司第一次价格商谈的报价太高，王经理提议重新调整价格。经过商谈，双方各让一步，最终达成了协议。成交后，王经理与金部长在友好的气氛中进行了交谈，共同希望两家公司合作愉快，并期待能够长期合作。

由于 yóuyú ～로 인하여

经过 jīngguò 거치다, 통과하다

协议 xiéyì 협의, 합의

气氛 qìfèn 분위기

提议 tíyì 제의하다

最终 zuìzhōng 최종, 마지막, 결국

友好 yǒuhǎo 우호적이다

交谈 jiāotán 이야기를 나누다

중국의 협상 예절(2)

협상의 중간 단계는 협상의 실질적인 단계로 주로 가격 제의, 확인, 협상, 갈등 해결, 냉랭한 상황 수습 등이 있다.

가격 제의는 가격이 틀림없음을 분명히 하고 신용을 철저히 지켜야 하며 상대방을 속이지 않아야 한다. 협상 중에 반드시 가격에 관한 협상이 이루어져야 하며, 상대방이 일단 가격을 받아들이면 다시 바꾸지 않아야 한다. 협상에 들어가기 전에 미리 협상 내용을 확인하고 관련 질문을 준비해야 하며, 제안은 화기애애한 분위기일 때 해야 한다. 협상할 때는 허심탄회한 태도를 취해야 한다. 분위기가 냉랭하거나 긴장감이 돌 때 협상 내용을 확인하는 것은 금물이며, 상대방의 반감이나 노여움을 사지 않도록 과격한 언사를 사용하거나 끊임없이 추궁하는 듯한 태도는 피하도록 한다. 협상은 바로 서로의 이익과 연계된다. 그러므로 조급한 마음은 실례가 되기 쉬우므로 마음을 평온하게 하고, 대동大同을 구하며, 작은 차이 정도는 허용할 수 있어야 한다.

갈등을 해결하기 위해서는 양측이 함께 인내심을 가지고 냉정하게 협상에 임해야 하며, 갈등이 생겼다고 화를 내며 인신공격이나 모욕적인 표현을 해서는 안 된다. 냉랭한 상황 수습은 주 측에서 유연하게 처리해야 하며, 잠시 화제를 돌려 긴장된 분위기를 풀어 주도록 한다. 더 이상 할 말이 없다면 일단 협상을 중단하고 잠시 쉬었다가 다시 진행하는 것이 좋다. 협상은 주 측이 주동적으로 화제를 제기하고, 냉랭한 상황이 너무 길어지지 않도록 진행한다.

08

订货

商务汉语常用句型

❶ 希望贵公司能给予理解。 귀사가 이해해 주시기 바랍니다.

❷ 我们将根据市场反馈，调整订货量。
우리는 시장 반응에 따라 주문량을 조정할 것입니다.

❸ 我们的产品效果显著，我相信市场反馈会很理想的。
저희 제품은 효과가 확실하므로 시장 반응이 이상적일 것이라고 믿습니다.

❹ 对我们来说，时间就是金钱。 저희에게 시간이 돈입니다.

❺ 那我们一言为定。 그럼 우리 이렇게 정합시다.

会话 ❶ 订货

🎧 08-1

（订货）

王经理　这款新研发的面膜起订量是多少?
Zhè kuǎn xīn yánfā de miànmó qǐdìngliàng shì duōshao?

金部长　起订量是1万件。
Qǐdìngliàng shì yí wàn jiàn.

王经理　那我们蓝、红、黑各订5000件，一共1万5000件，
Nà wǒmen lán、hóng、hēi gè dìng wǔ qiān jiàn, yígòng yí wàn wǔ qiān jiàn,
您看如何?
nín kàn rúhé?

金部长　这样不行，我们公司有规定，每一种的最小订货量为1万件。
Zhèyàng bùxíng, wǒmen gōngsī yǒu guīdìng, měi yì zhǒng de zuì xiǎo dìnghuòliàng wéi yí wàn jiàn.
希望贵公司能给予理解。
Xīwàng guì gōngsī néng jǐyǔ lǐjiě.

王经理　因为是新产品，还不知道市场销量如何。
Yīnwèi shì xīn chǎnpǐn, hái bù zhīdào shìchǎng xiāoliàng rúhé.
因此，这次少订一些。
Yīncǐ, zhècì shǎo dìng yìxiē.
以后，我们将根据市场反馈，调整订货量。
Yǐhòu, wǒmen jiāng gēnjù shìchǎng fǎnkuì, tiáozhěng dìnghuòliàng.

金部长　这三种颜色中贵公司订一种或两种，您看这样可以吗？

Zhè sān zhǒng yánsè zhōng guì gōngsī dìng yì zhǒng huò liǎng zhǒng, nín kàn zhèyàng kěyǐ ma?

王经理　可以。那我们先订蓝色和红色吧，各订1万件，一共两万件。

Kěyǐ.　Nà wǒmen xiān dìng lánsè hé hóngsè ba, gè dìng yí wàn jiàn, yígòng liǎng wàn jiàn.

金部长　好的，我们可以马上投入生产。

Hǎode, wǒmen kěyǐ mǎshàng tóurù shēngchǎn.

会话 ❷　订货

（交货）

王经理 如果市场反馈好，下次我们会下更多的订单。
Rúguǒ shìchǎng fǎnkuì hǎo, xiàcì wǒmen huì xià gèngduō de dìngdān.

金部长 我们的产品效果显著，我相信市场反馈会很理想的。
Wǒmen de chǎnpǐn xiàoguǒ xiǎnzhù, wǒ xiāngxìn shìchǎng fǎnkuì huì hěn lǐxiǎng de.

王经理 希望如此。我们现在谈一下交货时间吧。
Xīwàng rúcǐ. Wǒmen xiànzài tán yíxià jiāohuò shíjiān ba.

金部长 好的。贵公司希望什么时候交货？
Hǎode. Guì gōngsī xīwàng shénme shíhou jiāohuò?

王经理 由于我们打算在元旦前投放市场，
Yóuyú wǒmen dǎsuàn zài Yuándàn qián tóufàng shìchǎng,
因此，最好11月份能交货。
yīncǐ, zuìhǎo shíyī yuèfèn néng jiāohuò.

金部长 目前我们有其它产品的交货任务，
Mùqián wǒmen yǒu qítā chǎnpǐn de jiāohuò rènwù,
最早12月末可以交货，您看行吗？
zuìzǎo shí'èr yuèmò kěyǐ jiāohuò, nín kàn xíng ma?

王经理 12月末的话，太晚了。对我们来说，时间就是金钱。
Shí'èr yuèmò dehuà, tài wǎn le. Duì wǒmen láishuō, shíjiān jiùshì jīnqián.

金部长 那我们只好分批交货了，您看这样行吗？
Nà wǒmen zhǐhǎo fēnpī jiāohuò le, nín kàn zhèyàng xíng ma?

王经理 可以，那我们一言为定。
Kěyǐ, nà wǒmen yìyán wéidìng.

生词 새단어 🎧 08-3

起订量	qǐdìngliàng ⑱ 최소 주문량
	⑲ 我想知道贵公司的起订量是多少。 최소 주문량이 얼마인지 알고 싶습니다.

给予	jǐyǔ ⑧ ~을(를) 주다, ~하게 하다
	⑲ 希望大家给予鼓励。 여러분이 격려해 주시길 바랍니다.

反馈	fǎnkuì ⑱ 피드백, 반응
	⑲ 这次市场反馈很不错。 이번 시장 반응은 아주 좋다.

将	jiāng ⑲ 곧, 장차, ~할 것이다
	⑲ 我们将在北京签约。 우리는 베이징에서 계약할 것이다.

或	huò ⑧ 혹은, 또는
	⑲ 我明天或后天给你打电话。 내일이나 모레 제가 전화 드리겠습니다.

下订单	xià dìngdān ⑧ 주문하다, 발주하다
	⑲ 我们现在就下订单。 지금 바로 주문하겠습니다.

显著	xiǎnzhù ⑲ 뚜렷하다, 두드러지다
	⑲ 这种化妆品的效果显著。 이런 화장품은 효과가 뚜렷하다.

理想	lǐxiǎng ⑲ 이상적이다
	⑲ 今年销量很理想。 올해 판매량은 생각한 대로 잘 되었다.

投放	tóufàng ⑧ (자금, 인력 등을) 투입하다, (시장에) 내놓다
	⑲ 我们要把新产品投放市场。 우리는 신제품을 시장에 내놔야 한다.

只好	zhǐhǎo ⑲ 부득이, 할 수 없이
	⑲ 太晚了，我只好打车回家。 너무 늦어서 나는 할 수 없이 택시 타고 집에 가.

1 给予

给予는 동사로서 보통 문어체에서 쓰이며 뒤에 항상 2음절 이상의 어휘가 나온다. 특히 동사가 나오는 경우가 많다. 항상 '给予＋2음절 동사/명사', '给予＋관형어＋的＋2음절 동사/명사'로 표현한다. 예를 들어 '给予帮助(도움을 주다)', '给予支持(지지를 해주다)', '给予真诚的祝福(진심어린 축복을 보내다)' 등이 있다.

- 希望大家给予支持。　모두 지지해 주시길 희망합니다.
- 公司对他给予了很高的评价。　회사는 그에게 높은 평가를 내렸다.

2 将

将은 把와 같은 뜻으로 쓰일 수도 있지만 여기서는 부사로 쓰이며 어떤 동작이나 사건이 곧 발생할 것이라는 뜻을 나타낸다. 한국어로 '곧, 장차, ~할 것이다'라고 해석하며 보통 문어체에서 쓰인다.

- 会议将在明天进行。　회의는 내일 진행할 것이다.
- 中国将举办奥运会。　중국은 올림픽을 개최할 것이다.

미니테스트 将을 把로 바꿀 수 없는 문장을 찾으세요.

① 开幕式将在明天举行。

② 请将这份文件交给李经理。

③ 我们将赢得这场比赛。

④ 我们将在首尔召开会议。

정답 ❶. ❸. ❹

3 最好

最好는 부사이며, 한국어로 '가장 좋기로는 ~하는 것이다, ~하는 게 가장 좋다'라는 뜻이다. 가장 좋은 선택이나 방법을 말할 때 사용한다. 보통 누구에게 조언할 때 쓰인다.

- 你最好学习汉语。   너 중국어를 공부하는 것이 좋겠어.
- 你最好先给客户打个电话。   가장 좋기로는 먼저 고객에게 전화를 하는 것이야.

4 只好

只好는 부사이며, 한국어로 '부득이, 할 수 없이'라는 뜻이다. 비슷한 말은 不得不, 只得 등이 있다.

- 突然下雨了，我们只好取消了比赛。
  갑자기 비가 내려 우리는 할 수 없이 시합을 취소했다.
- 今天朋友有约，我只好一个人吃饭。
  오늘 친구가 약속이 있어서 나는 부득 혼자 밥을 먹는다.

句型 문형 설명

1 根据 ……, ……

根据는 한국어로 '~에 따라, ~에 근거하여'라고 해석한다. 根据는 보통 문장 앞에 오며 뒤에는 명사구, 동사구, 문장 등이 온다.

- 根据工作需要，我们得学习汉语。　작업 수요에 따라 우리는 중국어를 공부해야 해.
- 根据职员的要求，公司建了一个食堂。
  직원들의 요구에 따라 회사는 식당을 지었다.

2 会 …… 的

'会……的'는 한국어의 '~일 것이다'에 해당하며, 일반적으로 미래에 대한 예측이나 희망을 나타낼 때 사용하는 표현이다.

- 你会成功的。　너는 성공할 거야.
- 他会来的。　그는 올 거야.

3 希望 + 동사구/형용사구/절

希望은 중요한 동사로 한국어로 '희망하다, 바라다'라는 뜻이다. 명사나 명사구를 목적어로 취하지 못하고 동사구나 형용사구, 문장 등을 목적어로 취한다.

- 我希望贵公司尽快发货。　저는 귀사가 빨리 납품해 주시기를 희망합니다.
- 我希望你能帮我。　나는 네가 나를 도와줄 수 있기를 바라.

4 对 …… 来说，……

'对……来说'는 누구의 입장을 설명할 때 사용하는 표현이며, 한국어로 '~에게 있어서, ~의 입장에서 보면'이라는 뜻이다. 보통 '对……来说，……(+ 입장 설명 내용)'으로 표현한다.

- 对我来说，最重要的是学习汉语。　내게 있어서 가장 중요한 것은 중국어 학습이다.
- 对他来说，完成这些工作很简单。　그에게 있어 이 일을 완성하는 것은 매우 간단하다.

商务汉语常用句型

1 **希望贵公司能给予理解。**   귀사가 이해해 주시기 바랍니다.

상대편에게 이해를 구할 때 사용하는 비즈니스 필수문장이다.

---

2 **我们将根据市场反馈，调整订货量。**

우리는 시장 반응에 따라 주문량을 조정할 것입니다.

주문할 때 필요한 표현이다. 反馈는 '피드백, 반응'이라는 뜻으로 보통 意见反馈, 问题反馈, 工作反馈 등으로 표현한다. 명사뿐만 아니라 동사로도 많이 쓰이며 '정보나 반응이 되돌아오다'라는 뜻이다.

- **大家有问题可以反馈给我们。** 질문이 있으면 저희에게 피드백 해 주시면 됩니다.

---

3 **我们的产品效果显著，我相信市场反馈会很理想的。**

저희 제품은 효과가 확실하므로 시장 반응이 이상적일 것이라고 믿습니다.

제품을 홍보할 때 사용하는 표현이다. 理想은 형용사로 쓰이며 한국어로 '이상적이다'라고 해석한다. 문장에서 어떤 상황이 생각한 대로 잘 된다는 의미를 나타낸다.

- **这次考试成绩很理想。** 이번 시험 성적은 매우 이상적이다.

---

4 **对我们来说，时间就是金钱。**   저희에게 시간이 돈입니다.

보통 상대방을 재촉할 때 사용하는 표현이다.

---

5 **那我们一言为定。**   그럼 우리 이렇게 정합시다.

一言为定은 중요한 사자성어로서 한국어로 '한마디로 정하다, 한 입으로 두말하기 없기다'라는 뜻이다. 상대편과 약속을 할 때 사용하는 표현이며 보통 상대편에게 약속을 꼭 지키라는 뜻이 포함되어 있다.

语法练习

1 빈칸에 들어갈 알맞은 제시어를 보기에서 찾으세요.

> 보기　　给予　　将　　最好　　根据　　只好

① 大赛＿＿＿＿＿＿在下午2点举行。

② ＿＿＿＿＿＿他说的话，可以知道他是个诚实的人。

③ 我觉得你＿＿＿＿＿＿现在休息一下。

④ 我希望大家能＿＿＿＿＿＿支持。

⑤ 我的车坏了，＿＿＿＿＿＿打车去上班。

2 대화를 자연스럽게 완성할 문장을 보기에서 찾으세요.

> 보기　　希望贵公司能给予理解。
> 　　　　我相信市场反馈会很理想的。
> 　　　　对我们来说，时间就是金钱。
> 　　　　那我们一言为定。

① A: ＿＿＿＿＿＿＿＿＿＿＿＿＿

　 B: 这方面我们可以理解。

② A: ＿＿＿＿＿＿＿＿＿＿＿＿＿

　 B: 那我们马上商量一下，下午两点给您答复。

③ A: ＿＿＿＿＿＿＿＿＿＿＿＿＿

　 B: 希望如此。

④ A: 明天开始我们一起运动减肥。

　 B: 好，＿＿＿＿＿＿＿＿＿＿＿＿＿

3 다음 제시어를 알맞은 순서로 배열하여 문장을 완성하세요.

① 最好 / 一个 / 定 / 你 / 计划

　➡ _____

② 大家 / 我希望 / 帮助 / 能 / 给予

　➡ _____

③ 将 / 开始 / 会议 / 在下午两点

　➡ _____

④ 同意 / 他的 / 我 / 意见 / 只好

　➡ _____

⑤ 健康 / 重要 / 对我们来说 / 最

　➡ _____

4 다음 문장에서 틀린 부분을 찾아 바르게 고치세요.

① 只好我回家了。

　➡ _____

② 最好你别放在心上。

　➡ _____

③ 开幕式在下个月将举行。

　➡ _____

④ 他肯定会不告诉你的。

　➡ _____

⑤ 对来说我太晚了。

　➡ _____

会话练习 회화 연습

1 다음 대화를 중국어로 말해 보세요.

① A: 새로 개발한 이 마스크팩의 최소 주문량은 얼마입니까?

   B: 최소 주문량은 1만 개입니다.

   A: _____

   B: _____

② A: 이 세 가지 색상 중에 하나 또는 두 가지를 주문하시는 게 어떠십니까?

   B: 좋습니다.

   A: _____

   B: _____

③ A: 저희 제품은 효과가 확실하므로 시장 반응이 이상적일 것이라고 믿습니다.

   B: 그렇게 되길 바랍니다.

   A: _____

   B: _____

④ A: 그럼 저희는 나누어 납품할 수밖에 없습니다. 이렇게 하면 어떠십니까?

   B: 좋습니다. 그럼 우리 이렇게 정합시다.

   A: _____

   B: _____

2 그림을 보고 제시어를 활용하여 문장을 만들어 보세요.

① [最好 / 少吃]

➡ _____

② [只好 / 买]

➡ _____

③ [将 / 开始]

➡ _____

④ [希望 / 看]

➡ _____

3 다음 문장을 제시어를 활용하여 중국어로 말해 보세요.

① 나에게는 일이 가장 중요합니다. [对……来说 / 重要]

➡ _____

② 신분증을 잃어버렸으니 새로 만드는 수밖에 없습니다. [只好 / 办]

➡ _____

③ 우리가 논의를 좀 하는 것이 가장 좋습니다. [最好 / 商量]

➡ _____

④ 여러분이 관심을 가지셨으면 좋겠습니다. [给予 / 关心]

➡ _____

⑤ 이번 세미나는 서울에서 열릴 겁니다. [将 / 召开]

➡ _____

订货

　　王经理和金部长首先对订货量进行了协商，因为不知道销量会怎么样，因此王经理决定先少订一些，然后再根据市场反馈，对订货量进行调整。而金部长却对本公司的产品充满信心，相信销量一定会非常好。最后，双方对交货时间进行了交谈，并以分批交货的形式达成了协议。

生词

首先 shǒuxiān 우선, 먼저
调整 tiáozhěng 조정하다
相信 xiāngxìn 믿다
形式 xíngshì 형식, 형태
协议 xiéyì 협의, 합의

协商 xiéshāng 협상하다
充满 chōngmǎn 가득 차다, 넘치다
交谈 jiāotán 이야기를 나누다
达成 dáchéng 달성하다, 도달하다

中国文化知识

중국인의 화법

예로부터 중국인들은 '정'을 중시하였고 그 '중국식 정'이 언어에 그대로 녹아 있다. 중국인은 전통문화의 영향을 받아 겸손하고 함축적으로 말하는 습관을 가지고 있다. 그러나 이런 겸손하고 함축적인 표현 뒤에 항상 더 깊은 뜻이 포함되어 있다. 이런 표현의 속뜻을 이해하지 못한다면 당신은 중국에서 곳곳에서 난관에 부딪칠 것이다. 예를 들어 '吃了吗? (식사하셨나요?)', '改天请你吃饭。(다음에 식사 대접 한번 하겠습니다.)', '来就来，拿什么东西啊! (오시면 오시는거지, 뭘 또 사오셨어요!)' 등의 표현은 중국인들이 자주 사용하는 표현이다. 이 표현들의 속뜻을 살펴보자.

① 吃了吗? : 이 말은 중국인들이 지인들을 만나면 가장 많이 하는 말이다. 이 표현은 명나라 때부터 사용하였다. 당시 백성들은 가난하여 배불리 먹는 것이 가장 큰 관심사였다. 그런 관심이 언어로 전이되어 '밥 먹었어?'라는 말이 생겨났다. '吃了吗? '는 상대방에 대한 관심을 말로 표현한 것이다.

② 改天请你吃饭。: 사람들이 서로 만나 대화가 끝날 때쯤이면 '改天请你吃饭。'이라는 말을 던지곤 한다. '改天'이라는 표현은 정해지지 않은 어느 날을 말한다. '改天请你吃饭。'은 한국어의 '언제 밥 한번 먹자'와 같은 표현으로, 별 의미가 없는 표현이다.

③ 来就来，拿什么东西啊! : 선물을 주는 것도 '중국식 정'의 표현 중 하나다. 남에게 부탁할 일이 있을 때 혹은 친척집이나 친구 집을 방문할 때 빈손으로 가면 안 된다. 당신이 선물을 바리바리 들고 지인의 집에 갔을 때 집주인은 '来就来，拿什么东西啊! ' 라고 친절하게 말한다. 이 말의 숨은 의미는 이 말과 정반대이다. 비록 집 주인이 아무것도 가져올 필요 없다고 했지만, 만약 당신이 정말 빈손으로 지인의 집에 갔다면 그 집 주인은 겉으로는 아무 말 하지 않아도 속으로는 서운해 할 것이다.

09

Listen

签订合同

商务汉语常用句型

❶ 合同一式两份，我们各留一份原件。
계약서는 같은 양식으로 두 부이며 저희가 각각 원본을 한 부씩 가집니다.

❷ 我很高兴这次洽谈圆满成功。
이번 협상이 원만히 성사되어 기쁩니다.

❸ 预祝我们合作愉快！
우리의 협력이 잘 되길 미리 축원합니다!

会话 ❶　签订合同

 09-1

（修改合同）

金部长　这是我们双方要签订的合同，您看看是否有不妥的地方。
Zhè shì wǒmen shuāngfāng yào qiāndìng de hétong, nín kànkan shìfǒu yǒu bùtuǒ de dìfang.

王经理　上次洽谈时，我们说好了再降500韩币，
Shàngcì qiàtán shí, wǒmen shuōhǎo le zài jiàng wǔ bǎi Hánbì,
希望贵公司标明正确价格。
xīwàng guì gōngsī biāomíng zhèngquè jiàgé.

金部长　好的，我们进行修改。
Hǎode, wǒmen jìnxíng xiūgǎi.
不过我们公司也有一个要求，希望写明支付方式。
Búguò wǒmen gōngsī yě yǒu yí ge yāoqiú, xīwàng xiěmíng zhīfù fāngshì.

王经理　贵公司想采用哪种支付方式?
Guì gōngsī xiǎng cǎiyòng nǎ zhǒng zhīfù fāngshì?

金部长　我们希望贵公司提供信用证，并且要在装运前一个月收到。
Wǒmen xīwàng guì gōngsī tígōng xìnyòngzhèng, bìngqiě yào zài zhuāngyùn qián yí ge yuè shōudào.

王经理　好的，没问题。
Hǎode, méi wèntí.

金部长　那我们重新修改后再定签约时间。
Nà wǒmen chóngxīn xiūgǎi hòu zài dìng qiānyuē shíjiān.

王经理　好的，希望贵公司尽快修改合同。
Hǎode, xīwàng guì gōngsī jǐnkuài xiūgǎi hétong.

会话 ❷ 签订合同

🎧 09-2

（签订合同）

金部长　王经理，这是我们重新修改的合同，您看看还有什么问题吗？
Wáng jīnglǐ, zhè shì wǒmen chóngxīn xiūgǎi de hétong, nín kànkan hái yǒu shénme wèntí ma?

王经理　没什么问题了，最重要的是要按时交货，
Méi shénme wèntí le, zuì zhòngyào de shì yào ànshí jiāohuò,
因为我们急需投入市场。
yīnwèi wǒmen jíxū tóurù shìchǎng.

金部长　您不必担心，我们一定会按时交货的。
Nín búbì dānxīn, wǒmen yídìng huì ànshí jiāohuò de.
还有其他问题吗？
Hái yǒu qítā wèntí ma?

王经理　没有了，只要能按时交货就行。
Méiyǒu le, zhǐyào néng ànshí jiāohuò jiù xíng.

金部长　那我们现在签合同吧。
Nà wǒmen xiànzài qiān hétong ba.

王经理　好的。
Hǎode.

金部长　合同一式两份，我们各留一份原件。
　　　　Hétong yíshì liǎng fèn, wǒmen gè liú yí fèn yuánjiàn.

　　　　请您在这儿签一下字。
　　　　Qǐng nín zài zhèr qiān yíxià zì.

王经理　好的，非常感谢。
　　　　Hǎode, fēicháng gǎnxiè.

金部长　原件您拿好。
　　　　Yuánjiàn nín ná hǎo.

王经理　谢谢。我很高兴这次洽谈圆满成功。
　　　　Xièxie.　Wǒ hěn gāoxìng zhè cì qiàtán yuánmǎn chénggōng.

金部长　预祝我们合作愉快！
　　　　Yùzhù wǒmen hézuò yúkuài!

生词 **새단어** 🎧 09-3

签订
qiāndìng ⑧ 체결하다
예 我们签订了合作协议。 우리는 협력 협약을 체결했다.

不妥
bùtuǒ ⑧ 타당하지 않다, 부적당하다
예 我觉得这么做不妥。 나는 이렇게 하는 것이 타당하지 않다고 생각한다.

洽谈
qiàtán ⑲ 상담하다, 협의하다
예 我们在和客户洽谈。 저희는 손님과 상담하는 중입니다.

标明
biāomíng ⑧ 명시하다
예 请标明修改部分。 수정 부분을 명시해 주십시오.

尽快
jǐnkuài ⑧ 되도록 빨리
예 你尽快跟我联系。 되도록 빨리 저에게 연락 주십시오.

按时
ànshí ⑨ 규정된 시간대로, 제시간에
예 我每天都按时上班。 나는 매일 제시간에 출근한다.

急需
jíxū ⑧ 급히 필요로 하다
예 我急需商务汉语的教材。 나는 비즈니스 중국어 교재가 급히 필요하다.

不必
búbì ⑨ ~하지 마라, ~할 필요가 없다
예 你不必担心。 걱정할 필요 없습니다.

圆满
yuánmǎn ⑱ 원만하다, 완벽하다
예 会议圆满结束。 회의는 원만하게 잘 마쳤다.

预祝
yùzhù ⑧ 미리 축하하다
예 预祝你事业成功。 사업이 성공하기를 축원합니다.

1 是否

是否는 의문부사로 쓰이며 한국어의 '~인지 아닌지'에 해당한다. 일반적으로 문어체에서 쓰이며 '是否 + 동사구'로 표현한다.

- 你是否知道这件事? 당신은 이 일을 아나요 모르나요?
- 我们是否应该商量一下? 우리 상의 좀 할 수 있을까요?

2 不过

不过는 접속사로 쓰이며 한국어의 '그런데, 그러나'에 해당한다. 일반적으로 앞의 내용을 인정하면서 동시에 다르거나 반대되는 사실을 말할 때 사용한다. 但是, 可是와 비슷하나, 但是와 可是에 비해 전환의 의미가 조금 약하다.

- 我觉得这件衣服很适合你，不过有点儿贵。
  나는 이 옷이 너한테 어울리는 거 같은데 조금 비싸다.
- 我以前很瘦，不过最近胖了。 나는 예전에 날씬했는데, 최근에 살이 쪘다.

3 份

份은 아주 중요한 양사이다. 일반적으로 신문, 자료, 문서 등을 세는 단위로 쓰이며 한국어의 '부'에 해당한다. 예를 들어 '一份报纸(신문 한 부)', '两份资料(자료 두 부)' 등이 있다.

- 他买了一份报纸。 그는 신문을 한 부 샀다.
- 请帮我复印一份资料。 저를 도와 자료를 한 부 복사해 주세요.

4 了

了에는 두 가지 의미가 있다. 하나는 동작의 완료나 발생을 나타내는 경우이고, 다른 하나는 상황이나 상태의 변화를 나타내는 경우이다. 이 과에서의 了는 吃了, 学习了, 睡觉了 등에서의 了처럼 동작의 완료를 나타내는 것이 아니라 변화를 나타내는 了이다.

본문에서 나온 '没什么问题了'를 보면 이전에 계약서 내용에는 문제가 있었는데 이제 수정해서 문제가 없다는 뜻으로 이전과 현재 사이에 변화가 나타났기 때문에 문장 끝에 了를 붙인 것이다.

- A: 你最近怎么这么高兴?　당신 최근에 어째서 이렇게 기분이 좋아요?

  B: 我有女朋友了。　저 여자친구 생겼거든요.

- A: 你怎么借给他钱?　당신 어째서 그에게 돈을 빌려줬어요?

  B: 他没工作了。　그 사람 실직했거든요.

미니테스트 了의 사용이 정확한지 판단해 보세요.

① 你昨天来电话的时候，我正在吃饭了。

② 我还没吃饭了。

③ 我吃了饭再看电视。

④ 马上就要下班了。

⑤ 我最近胖了。

정답 ❶ × ❷ × ❸ √ ❹ √ ❺ √

句型

---

1 ## 说好了 + 내용(문장/동사구 등)

'说好了 + 내용'은 일반적으로 누구와 무엇을 하기로 약속했을 때 사용하는 표현이며 한국어의 '~하기로 약속하다, 무엇을 말해 놓다'에 해당한다.

- 我们说好了一起去中国旅游。　우리는 함께 중국에 여행 가기로 약속했다.
- 我跟小王说好了开会商量一下。　나는 샤오왕과 회의를 해 상의를 좀 하기로 했다.

---

2 ## 前 + 시간의 간격

'前 + 시간의 간격'과 '시간의 간격 + 前'을 많이 혼동한다. 이 두 표현을 구분하는 방법은 아주 간단하다. 본문에서 나온 前一个月는 어떤 시점을 기준으로 봤을 때 그 시점에서 한 달 전이라는 뜻이며, 一个月前은 현재를 기준으로 지금으로부터 한 달 전이라는 뜻이다. 일반적으로 '시점 + 前 + 시간 간격'과 '시간 간격 + 前'으로 구분하여 표현한다.

- 他出差前一天病了。　그는 출장 하루 전에 병이 났다.
- 我一天前丢了手机。　나는 하루 전날(어제) 휴대전화를 잃어버렸다.

---

3 ## ······ 后再 ······

'······后再······'는 일반적으로 두 가지 동작의 순서를 나타내며 한국어로 '~한 후에 ~하다'라고 해석한다.

- 我们下班后再联系。　우리는 퇴근 후에 다시 연락을 했다.
- 他打算吃完饭后再运动。　그는 밥을 먹은 후 다시 운동하기로 했다.

---

4 ## 只要 ······, 就 ······

'只要······, 就······'는 한국어로 '~하기만 하면 ~하다'라고 해석하며 앞의 조건을 만족시키면 뒤의 결과가 나온다는 의미를 나타낸다.

- 只要努力, 就能成功。　노력하기만 하면 성공할 수 있다.
- 只要你去, 我就去。　네가 가면 나도 간다.

商务汉语常用句型

1 合同一式两份，我们各留一份原件。

계약서는 같은 양식으로 두 부이며, 저희가 각각 원본 한 부씩을 가집니다.

비즈니스 필수문장 중 하나이다. 여기서 동사 留를 사용하는 이유는 계약서를 보관해야 하기 때문이다. 공식 석상에서는 执 zhí로 바꿔 써도 되며 执는 한국어로 '가지다'는 뜻이다. 즉, '我们各执一份原件'이라고 표현해도 된다.

2 我很高兴这次洽谈圆满成功。 이번 협상이 원만히 성사되어 기쁩니다.

圆满은 형용사로 결함이 없고 만족스럽다는 뜻이며 한국어로 '원만하다, 완벽하다'라고 해석한다. 보통 圆满结束, 圆满解决, 圆满完成 등으로 표현한다.

- 会议圆满结束。 회의를 무사히 잘 마쳤습니다.
- 我们圆满完成了任务。 우리는 무사히 임무를 완수했습니다.

3 预祝我们合作愉快！ 우리의 협력이 잘 되길 미리 축원합니다!

预祝는 중요한 어휘로서 한국어로 '미리 축하하다, 축원하다'라는 뜻이다. 일반적으로 발표 등 공식 석상에서 쓰인다.

- 预祝大会圆满成功。 대회의 원만한 성공을 축원합니다.
- 预祝你面试顺利。 면접시험이 순조롭기를 미리 축하합니다.

语法练习

1 빈칸에 들어갈 알맞은 제시어를 보기에서 찾으세요.

> 보기   是否   了   不过   份   再

① 我下班后＿＿＿＿＿＿给你打电话。

② 他＿＿＿＿＿＿愿意帮忙?

③ 我最近已经不运动＿＿＿＿＿＿。

④ 我想给他买＿＿＿＿＿＿礼物。

⑤ 他工作很努力，＿＿＿＿＿＿做事有点儿急。

2 대화를 자연스럽게 완성할 문장을 보기에서 찾으세요.

> 보기   合同一式两份，我们各留一份原件。
> 我很高兴这次洽谈圆满成功。
> 预祝我们合作愉快!

① A: ＿＿＿＿＿＿＿＿＿＿＿＿＿＿＿

   B: 也希望我们能长期合作。

② A: ＿＿＿＿＿＿＿＿＿＿＿＿＿＿＿

   B: 好的，我们签字吧。

③ A: ＿＿＿＿＿＿＿＿＿＿＿＿＿＿＿

   B: 我也非常高兴。

3 다음 제시어를 알맞은 순서로 배열하여 문장을 완성하세요.

① 是否 / 能 / 你明天 / 我家 / 来

➡ _____

② 说好了 / 一起去 / 明天 / 我们 / 看电影

➡ _____

③ 一份 / 复印 / 帮我 / 文件

➡ _____

④ 再 / 后 / 喝完 / 走吧 / 咖啡

➡ _____

⑤ 明天 / 我 / 天气好 / 只要 / 去爬山 / 就

➡ _____

4 다음 문장에서 틀린 부분을 찾아 바르게 고치세요.

① 只有努力，你就能成功。

➡ _____

② 我买了一个报纸。

➡ _____

③ 你明天能是否来?

➡ _____

④ 我们吃完饭后再去公司了。

➡ _____

⑤ 这双鞋很漂亮，而且有点儿贵。

➡ _____

会话练习 회화 연습

1 다음 대화를 중국어로 말해 보세요.

① A: 귀사는 어떤 지불 방법을 채택하고 싶으십니까?

   B: 귀사가 신용장을 제공해 주시기 바라며, 선적하기 한 달 전에 받아야 합니다.

   A: _____

   B: _____

② A: 다시 수정해서 계약 시간을 정하도록 하겠습니다.

   B: 네. 귀사가 최대한 빨리 계약을 수정해 주시기 바랍니다.

   A: _____

   B: _____

③ A: 계약서는 같은 양식으로 두 부이며, 저희가 각각 원본을 한 부씩 가집니다. 여기에 서명해 주십시오.

   B: 네. 감사합니다.

   A: _____

   B: _____

④ A: 이번 협상이 원만히 성사되어 기쁩니다.

   B: 우리의 협력이 잘 되길 미리 축원합니다!

   A: _____

   B: _____

2 그림을 보고 제시어를 활용하여 문장을 만들어 보세요.

① [说好了 / 爬山]

　→ _____

② [是否 / 睡觉]

　→ _____

③ [一份 / 盒饭]

　→ _____

④ [吃午饭 / 再开会]

　→ _____

3 다음 문장을 제시어를 활용하여 중국어로 말해 보세요.

① 너만 좋다면 내가 너한테 사 줄게.　　　　　　　　[只要 / 就]

　→ _____

② 엄마에게 선물 하나 사 드리고 싶어요.　　　　　　[份 / 礼物]

　→ _____

③ 우리는 한번 상의해 보기로 했어요.　　　　　　　[说好了 / 商量]

　→ _____

④ 내가 회의한 후에 다시 너에게 전화할게.　　　　　[……后再……]

　→ _____

⑤ 그는 이 일을 알고 있나요?　　　　　　　　　　　[是否 / 知道]

　→ _____

签订合同

　　王经理和金部长代表公司签订合同，王经理要求韩伊公司修改一下价格，金部长也要求中方能写明支付方式，然后，双方决定修改合同后再签约。合同修改后，双方签订了合同。在签订合同时，王经理强调由于急需投入市场，因此一定要按时交货，金部长听后保证一定会做到。

 生词

代表 dàibiǎo 대표. 대표하다
中方 Zhōngfāng 중국 측
签约 qiānyuē 계약하다, 서명하다
强调 qiángdiào 강조하다
保证 bǎozhèng 담보하다, 보증하다

要求 yāoqiú 요구하다
决定 juédìng 결정하다
时 shí ~할 때, ~시
因此 yīncǐ 그래서, 그러므로

중국의 계약 예절

　　계약의 종류에 따라 각 나라의 풍습이 달라 협약식 안배와 계약실 배치가 제각각이다. 중국에서는 일반적으로 계약실 내에 직사각형 탁자를 배치해 계약 테이블로 삼는다. 테이블 위는 짙은 녹색커버로 덮여 있고, 양측 서명자의 자리로 테이블 뒤쪽에 의자 두 개를 놓아 두고, 정문을 기준으로 주좌객우主左客右로 착석한다. 테이블 위에 각각의 계약 서류를 배치하고 서류 위쪽에 서명 도구를 배치한다. 테이블 중앙에는 양쪽 국가의 국기를 놓아야 한다. 국기 위치는 국제 관례에 따라 오른쪽을 상위로 하여 국기 자체면을 기준으로 오른쪽에 객방의 국기, 왼쪽에 자국의 국기를 배치한다. 단, 여러 국가가 참여할 경우에는 국기의 순서는 각 국가의 국명 첫 자의 라틴 알파벳 순서에 따라 정하며, 이때 주최국의 국기를 배치할 때는 이 관례를 따르기도 하고 또는 가장 왼쪽에 배치하여 상대 국가에 대한 존중을 나타내기도 한다.

10

送行

商务汉语常用句型

❶ 这是我应该做的。　마땅히 제가 해야죠.

❷ 这是公司的一点儿小心意。
이것은 저희 회사의 작은 성의입니다.

❸ 一路平安，后会有期。
가시는 길이 평안하시길 바라며 나중에 또 만나 뵙겠습니다.

❹ 请出示您的护照。　여권을 보여 주십시오.

会话 ❶

送行

 10-1

（送行）

王经理　谢谢您为我送行。
Xièxie nín wèi wǒ sòngxíng.

金部长　这是我应该做的。
Zhè shì wǒ yīnggāi zuò de.

王经理　请代我向贵公司经理表达谢意，感谢你们的热情招待。
Qǐng dài wǒ xiàng guì gōngsī jīnglǐ biǎodá xièyì, gǎnxiè nǐmen de rèqíng zhāodài.

金部长　我一定转达。
Wǒ yídìng zhuǎndá.

王经理，时间太短了，要不还想带您去别的地方逛一逛。
Wáng jīnglǐ, shíjiān tài duǎn le, yàobù hái xiǎng dài nín qù bié de dìfang guàng yi guàng.

王经理　我已经很开心了，这几天多亏了您的照顾，
Wǒ yǐjīng hěn kāixīn le, zhè jǐ tiān duōkuī le nín de zhàogù,

耽误了您不少时间。
dānwù le nín bùshǎo shíjiān.

金部长　您太客气了，下次去中国，可能还要麻烦您。
Nín tài kèqi le, xiàcì qù Zhōngguó, kěnéng hái yào máfan nín.

王经理　下次您来中国，一定好好招待您。
Xiàcì nín lái Zhōngguó, yídìng hǎohǎo zhāodài nín.

金部长　这个小工艺品是公司的一点儿小心意，希望您喜欢。
Zhè ge xiǎo gōngyìpǐn shì gōngsī de yìdiǎnr xiǎo xīnyì, xīwàng nín xǐhuan.

王经理　太客气了。
Tài kèqi le.

金部长　希望我们以后有更多的机会合作。
Xīwàng wǒmen yǐhòu yǒu gèngduō de jīhuì hézuò.

王经理　下次中国见！
Xiàcì Zhōngguó jiàn!

金部长　一路平安，后会有期。
Yílù píng'ān, hòuhuì yǒuqī.

会话 ❷　送行

🎧 10-2

（值机）

值机员　您好，请出示您的护照。
　　　　Nínhǎo, qǐng chūshì nín de hùzhào.

王经理　好的，这是我的护照，给您。
　　　　Hǎode, zhè shì wǒ de hùzhào, gěi nín.

值机员　您预订的是5月15号上午10点东方航空公司的航班，对吗？
　　　　Nín yùdìng de shì wǔ yuè shíwǔ hào shàngwǔ shí diǎn Dōngfāng Hángkōng
　　　　Gōngsī de hángbān, duì ma?

王经理　对。我想选一个前排靠窗的座位，可以吗？
　　　　Duì. Wǒ xiǎng xuǎn yí ge qiánpái kàochuāng de zuòwèi, kěyǐ ma?

值机员　女士，不好意思。
　　　　Nǚshì, bùhǎoyìsi.

　　　　前排靠窗的座位没有了，后排的可以吗？
　　　　Qiánpái kàochuāng de zuòwèi méiyǒu le, hòupái de kěyǐ ma?

王经理　可以。
　　　　Kěyǐ.

值机员　我确认一下，23排A座位可以吗?
Wǒ quèrèn yíxià, èrshísān pái A zuòwèi kěyǐ ma?

王经理　好的，谢谢。
Hǎode, xièxie.

值机员　您有没有需要托运的行李?
Nín yǒu méiyǒu xūyào tuōyùn de xíngli?

王经理　有一个行李箱。
Yǒu yí ge xínglixiāng.

值机员　请把行李箱放到传送带上。
Qǐng bǎ xínglixiāng fàngdào chuánsòngdài shang.

王经理　好的。
Hǎode.

值机员　这是您的登机牌，请拿好。您的飞机是上午10点起飞，
Zhè shì nín de dēngjīpái, qǐng náhǎo. Nín de fēijī shì shàngwǔ shí diǎn qǐfēi,

9点40分开始登机，在128号登机口。
jiǔ diǎn sìshí fēn kāishǐ dēngjī, zài yìbǎi'èrshíbā hào dēngjīkǒu.

王经理　好的，谢谢!
Hǎode, xièxie!

生词 🎧 10-3

表达	biǎodá　　⑧ 표하다, 표현하다, 나타내다
	예 我想表达对您的谢意。　당신에게 감사의 뜻을 표하고 싶습니다.

转达	zhuǎndá　　⑧ 전달하다, 전하다
	예 请帮我向王经理转达一下。　저를 도와 왕 사장님께 전해 주십시오.

照顾	zhàogù　　⑲ 보살펴 주다, 돌보다, 배려하다
	예 她每天照顾生病的奶奶。　그녀는 매일 아프신 할머니를 돌본다.

耽误	dānwù　　⑧ 지장을 주다, 지체하다
	예 别耽误学习。　공부를 지체하지 마세요.

心意	xīnyì　　⑲ 마음, 성의
	예 这是我的一点儿心意。　이것은 저의 작은 성의입니다.

出示	chūshì　　⑧ 제시하다, 보이다
	예 请出示您的登机牌。　탑승권을 보여 주십시오.

预订	yùdìng　　⑧ 예약하다
	예 我预订了一个房间。　나는 방 하나를 예약했다.

航班	hángbān　　⑲ 항공편
	예 去北京的航班取消了。　베이징으로 가는 항공편이 취소되었다.

托运	tuōyùn　　⑧ (짐을) 부치다
	예 我去托运行李。　나는 짐을 부치러 간다.

登机	dēngjī　　⑧ 탑승하다
	예 请告诉我一下登机时间。　탑승시간을 좀 알려 주세요.

语法

1 多亏

多亏는 한국어로 '덕분에, 다행히'라는 뜻이며 여기서는 동사로 쓰인다. 항상 '多亏(了)＋목적어'로 표현한다.

- 多亏了您的帮助，才解决了这个问题。
  당신의 도움 덕분에 드디어 이 문제를 해결했습니다.
- 这件事多亏了他。　이 일은 그 사람 덕분이다.

2 耽误

耽误는 '耽误了您不少时间'처럼 상대에게 부탁하거나, 상대방이 시간을 많이 쓰면서까지 도움을 줄 때, '耽误您宝贵的时间', '耽误您一点儿时间' 등의 표현을 사용해서 공손함이나 감사를 표현한다.

- 能耽误您一点儿时间吗？　제가 당신께 도움을 좀 요청해도 될까요?
- 耽误您宝贵的时间了。　귀중한 시간을 빼앗았네요.

3 靠

靠는 한국어로 '기대다'라는 뜻도 있지만 위치를 나타내는 '～에 인접하다'라는 뜻도 있다. 본문에 나온 靠窗은 '창가, 창문 쪽'이라는 뜻이다. 靠窗뿐만 아니라 '靠门(문쪽)', '靠海(바다 쪽)' 등도 숙박, 예약, 체크인할 때 많이 쓰이는 표현이다.

- 请给我一个靠海的房间。　바닷가 쪽 방으로 부탁 드릴게요.
- 我不喜欢靠门的座位。　나는 문쪽 좌석은 싫다.

4 开始

开始는 단독으로 쓰이기도 하지만 목적어를 동반한 형식이 더 많이 쓰인다. 开始는 명사를 목적어로 취하지 못하고 동사나 동사구를 목적어로 취한다.

· 我们开始开会吧。 우리 회의 시작합니다.

· 我9点开始工作。 나는 9시에 일을 시작한다.

미니테스트 다음 문장 중에 정확한 문장을 찾으세요.

① 现在开始会议。

② 明天开始报名。

③ 从明天开始我要努力学习。

④ 马上开始电影了。

정답 ❷. ❸

1 代 + 누구 + 向 + 누구 + 동사구

'代+누구+向+누구+동사구'라는 구문은 한국어로 '누구를 대신해서 누구에게 무엇을 하다'라는 뜻이다. 보통 '代+누구+向+누구+问好/表示感谢/表示欢迎/表示问候' 등 표현으로 쓰인다.

- 请代我向王经理问好。　저를 대신해서 왕 사장님께 안부를 전해 주세요.
- 我代金部长向您表示欢迎。　김 부장님을 대신해서 환영의 뜻을 표합니다.

2 有 + 명사 + 동사구

'有+명사+동사구'는 연동문에서 쓰이며 한국어의 '~할 명사가 있다'에 해당하며, 해석할 때에는 뒤에서부터 한다.

- 我有话跟你说。　당신에게 할 말이 있습니다.
- 我有机会去中国出差。　중국에 출장 갈 기회가 있다.
- 他有很多事情要办。　그에게는 해야 할 일이 많다.

3 有没有需要 …… ?

한국어로 '~해야 할 ~이(가) 없습니까?'라는 뜻이며 보통 상대방에게 부드럽게 질문할 때 쓰는 표현이다.

- 有没有需要修改的部分?　수정해야 할 부분이 없습니까?
- 有没有需要注意的地方?　주의해야 할 부분이 있을까요?

把 + 명사 + 동사 + **到** + 장소

'把 + 명사 + 동사 + 到 + 장소'라는 구문은 한국어로 '어떤 사람이나 사물을 가지고 어떤 동작을 통해 어떤 장소에 도달하게 한다'는 뜻을 나타낸다.

- 他把车停到门口了。   그는 차를 문앞에 세웠다.
- 请把计划书交到企划处。   계획서를 기획처에 가져다 주세요.

1 **这是我应该做的。**　마땅히 제가 해야죠.

상대방이 도움을 받고 감사하다는 말에 겸손하게 대답하는 표현이다.

---

2 **这个小工艺品是公司的一点儿小心意。**

이 작은 공예품은 저희 회사의 작은 성의입니다.

선물을 전달하며 예의바르게 말할 때 쓰는 비즈니스 필수문장이다.

- 这是我的一点儿心意，请收下。　이것은 저의 작은 성의이니 받아 주세요.
- 这是我们的一点儿心意，请笑纳。　이것은 저희의 작은 성의이니 기쁘게 받아 주세요.

---

3 **一路平安，后会有期。**　가시는 길이 평안하시길 바라며 나중에 또 만나 뵙겠습니다.

一路平安과 后会有期는 모두 비즈니스 필수문장이다. 一路平安은 여행 가거나 멀리 떠나는 사람에게 항상 습관처럼 하는 표현이며 '편안한 여행 되세요.', '가시는 길이 편안하시길 바랍니다.'라는 뜻이다. 后会有期는 누구와 헤어질 때 습관처럼 사용하는 표현이며 공식 석상에서 많이 쓰이며 '후일을 기약합시다.', '또 만납시다.'라는 뜻이다.

---

4 **请出示您的护照。**　여권을 보여 주십시오.

일반적으로 여권, 신분증 등을 보여 달라고 요청할 때 '请出示您的……'라고 표현한다.

- 请出示您的身份证。　신분증을 보여 주십시오.
- 请出示您的驾照。　운전면허증을 보여 주십시오.

语法练习

1 빈칸에 들어갈 알맞은 제시어를 보기에서 찾으세요.

> 보기　　多亏　　　靠　　　耽误　　　代　　　开始

① 我们现在_____讨论。

② _____他的帮助，这件事才顺利解决。

③ 这个房间_____海。

④ 请_____我向李老师表示感谢。

⑤ 快睡吧，别_____明天的面试。

2 대화를 자연스럽게 완성할 문장을 보기에서 찾으세요.

> 보기　　这是我应该做的。
> 　　　　这是公司的一点儿小心意。
> 　　　　一路平安，后会有期。
> 　　　　请出示您的护照。

① A: _____

　　B: 好的，请稍等。

② A: _____

　　B: 谢谢，再见。

③ A: _____

　　B: 您太客气了。

④ A: 谢谢您帮我翻译。

　　B: 没关系，_____

3 다음 제시어를 알맞은 순서로 배열하여 문장을 완성하세요.

① 向 / 问好 / 阿姨 / 代我

➡ _____

② 耽误您 / 能 / 时间 / 吗 / 一点儿

➡ _____

③ 这张 / 请把 / 外面 / 桌子 / 搬到

➡ _____

④ 在家 / 开始 / 工作 / 下个月

➡ _____

⑤ 需要 / 事情 / 有没有 / 我做的

➡ _____

4 다음 문장에서 틀린 부분을 찾아 바르게 고치세요.

① 有没有补充的部分需要?

➡ _____

② 我把送到他公司。

➡ _____

③ 开幕式在下个月将举行。

➡ _____

④ 我想坐墙靠的座位。

➡ _____

⑤ 9点开始会。

➡ _____

会话练习 회화 연습

1 다음 대화를 중국어로 말해 보세요.

① A: 저를 대신해서 귀사 사장님께 감사의 뜻을 전해
　　　주십시오. 여러분의 따뜻한 대접에 감사드립니다.

　　B: 꼭 전해 드리겠습니다.

　　A: _____

　　B: _____

② A: 이것은 저희 회사의 작은 성의입니다. 마음에 드시
　　　길 바랍니다.

　　B: 뭘 이런 것을 다 준비하셨어요!

　　A: _____

　　B: _____

③ A: 안녕하십니까? 여권을 보여 주십시오.

　　B: 네. 이것이 제 여권입니다. 여기요.

　　A: _____

　　B: _____

④ A: 부치실 짐이 있으십니까?

　　B: 캐리어가 하나 있습니다.

　　A: _____

　　B: _____

2 그림을 보고 제시어를 활용하여 문장을 만들어 보세요.

① [把 / 放到]

→ _____

② [靠海 / 房间]

→ _____

③ [出示 / 准考证]

→ _____

④ [开始 / 开会]

→ _____

3 다음 문장을 제시어를 활용하여 중국어로 말해 보세요.

① 제가 도와드릴 건 없나요?　　　　　　　　　　　　　[有没有 / 需要]

→ _____

② 저는 문쪽 좌석을 좋아하지 않습니다.　　　　　　　　[靠 / 座位]

→ _____

③ 신분증을 보여 주십시오.　　　　　　　　　　　　　　[出示 / 身份证]

→ _____

④ 그는 차를 문 앞에 세웠습니다.　　　　　　　　　　　[把 / 门口]

→ _____

⑤ 저를 대신해서 왕 과장님께 안부를 전해 주십시오.　　[代 / 问好]

→ _____

送行

　　王经理结束了在韩国的日程，今天回国。金部长亲自到机场为她送行，并准备了一份小礼物送给她，期待以后有更多的机会合作，王经理对此表示感谢。一番寒暄后，王经理开始办理登机手续，她要了一个靠窗的座位，托运了一个行李箱，然后拿到了登机牌。

亲自 qīnzì 직접, 몸소

期待 qīdài 기대하다

表示 biǎoshì 표시하다, 나타내다

寒暄 hánxuān 인사말을 나누다

手续 shǒuxù 수속, 절차

准备 zhǔnbèi 준비하다

对此 duìcǐ 이에 대해

一番 yìfān 한 바탕, 한 차례

办理 bànlǐ 처리하다

中国文化知识 중국 문화 지식

중국의 배웅 예절

    중국인들은 오는 손님을 환영하고 떠나는 손님을 배웅하는 것을 매우 중요하게 여긴다. 따라서 중국인들에게 있어서 손님 접대와 배웅은 매우 중요한 일이다. 특히 회사의 미래가 걸린 손님(고객)에게는 더욱 그러하다. 손님(고객)이 떠날 때, 친절하고 예의 바르게 손님(고객)을 배웅해야 손님(고객)에게 기업에 대한 좋은 이미지를 심어 줄 수 있으며, 또한 좋은 인상을 받은 손님(고객)을 통해 더 많은 고객을 확보할 수 있기 때문이다. 배웅에는 선물도 포함된다. 예를 들어 손님(고객)이 방문하는 동안 진행된 행사의 사진들을 선별해 앨범으로 만들어 선물하면 손님(고객)에게 감동을 줄 수 있다. 이런 선물은 손님(고객)에 대한 존중과 우호를 표현하는 동시에 기념의 의미도 있다.

해석 및
연습 문제 정답

01 接机

회화 ❶

공항 영접

(공항 출구에서)

박 대리 왕 사장님, 안녕하십니까!

왕 사장 안녕하세요!

박 대리 한국에 오신 것을 환영합니다. 저는 한이회사의 박재민입니다. 여기 제 명함입니다.

왕 사장 제 명함입니다. 뵙게 되어 반갑습니다.

박 대리 저도 뵙게 되어 반갑습니다.

왕 사장 오래 기다리시게 했네요. 마중나와 주셔서 감사합니다.

박 대리 별말씀을요. 오시느라 수고하셨습니다.

왕 사장 죄송하지만, 먼저 화장실에 좀 가고 싶은데요. 화장실이 어디에 있나요?

박 대리 앞으로 쭉 가시면 보입니다.

왕 사장 네. 조금만 기다려 주세요.

(화장실에서 나온 후)

박 대리 회사 차량은 9번 출구에 있습니다.

왕 사장 네. 갑시다.

회화 ❷

공항 영접

(공항에서 서울로 이동 중)

박 대리 왕 사장님, 한국에 몇 번 오셨습니까?

왕 사장 이번에 처음으로 한국에 왔습니다.

박 대리 먼저 호텔에 모셔다 드릴 테니 좀 쉬세요.

왕 사장 네. 감사합니다.

박 대리 필요한 것이 있으시면 언제든지 연락 주세요.

왕 사장 네. 어떻게 연락을 할까요?

박 대리 위챗 친구로 추가해도 될까요?

왕 사장 그럼요. 제 위챗 아이디는 wj888666입니다.

박 대리 보냈습니다. 수락해 주세요.

왕 사장 네. 수락했습니다.

박 대리 약 한 시간 후에 호텔에 도착합니다. 일단 차에서 잠깐 쉬세요.

문법 연습

1 ① 往　　　　② 高兴　　　③ 大概
　④ 一下　　　⑤ 能

2 ① 让您久等了。
　② 可以加您的微信吗?
　③ 随时联系我。
　④ 您太客气了。

3 ① 我觉得他会同意的。
　② 欢迎大家积极参与本次活动。
　③ 这是他第一次学汉语。
　④ 本次航班是飞往北京的。
　⑤ 到机场大概需要一个小时。

4 ① 这间会议室能坐50人。
　② 这是我第一次吃烤肉。
　③ 他大概在睡觉。
　④ 笑一笑，往我这边看。
　⑤ 你解释一下今天的事儿。

회화 연습

1 ① A 让您久等了，谢谢您来接我。
　　B 您太客气。路上辛苦了。
　② A 您来过几次韩国?
　　B 这是我第一次来韩国。
　③ A 有什么需要随时联系我。
　　B 好的。怎么联系您?
　④ A 可以加您的微信吗?
　　B 当然可以。

2 ① 你往旁边挪一下。
　② 我在去公司的路上。
　③ 我送客人去机场。
　④ 很高兴和您合作。

3 ① 没有重要的事儿，别联系我。
　② 欢迎各位访问我们公司。
　③ 我送客人去酒店了。
　④ 我不知道应该往哪儿走。
　⑤ 很高兴你能对我说实话。

독해

손님 맞이

나는 한이회사의 박재민이다. 오늘 나는 공항에 가서 한 중국 손님을 마중했는데, 그 손님은 우리와 합작하는 회사의 왕징 사장님이시다. 비행기가 연착돼서 나는 공항에서 오래 기다려서 겨우 손님을 마중했다. 나는 매우 기뻐서 내 소개를 했고 왕 사장님께 내 명함을 한 장 드렸다. 왕 사장님은 그렇게 오래 기다리게 해서 매우 죄송해 했다. 후에 나는 왕 사장님을 모시고 호텔로 갔고, 가는 길에 우리는 재미있게 이야기했다. 연락를 편하게 하기 위해 우리는 서로 위챗 친구로 추가했다.

중국문화지식 원문

中国的称呼礼仪

在中国的称呼礼仪中，一定要注意场合及年龄特点，在正式场合或在职场环境中称呼对方时，可以在对方的姓氏后面加上职称，如"王主任""张处长"等。面对长辈时不可以直呼其名，也不可以直呼"老张""老王"，尤其是年龄差距比较大时，可以将"老"和其姓倒置，称呼，"王老""张老"。称呼熟人，朋友，邻居，同事时，可以直呼其名，关系较密切的可以省略姓氏只叫小名，如"春丽""永花"等，或者在姓氏前附加"小""大""老"字，如"小李""老王"等。与韩国严格的长幼有序观念不同，在韩国，早几天出生也要称呼其为哥哥，姐姐。而中国年龄差距在2~3岁之间都可以直呼其名。在称呼陌生人时，依据对方的性别和年龄来称呼，如"女士""先生""大妈""师傅""姑娘""小伙子"等。近年来流行称呼年轻的男子为"帅哥"，称年轻的女子为"美女"或"靓女"。

02 日程安排

회화 ❶

일정 소개

(호텔에서)

박 대리 왕 사장님, 호텔에 도착했습니다.

왕 사장 네. 수고하셨습니다!

박 대리 이것은 방 카드입니다. 307호입니다. 잘 보관하세요. 엘리베이터는 저쪽에 있습니다.

(가면서 이야기를 나눈다.)

왕 사장 정말 감사합니다. 호텔 근처의 교통이 어떻나요?

박 대리 편리하고 지하철도 있습니다. 근처에서 택시를 타는 것도 편리합니다. 외출하기 편하시도록 호텔 이름과 주소를 위챗으로 보내 드릴 수 있습니다.

왕 사장 정말 감사합니다.

박 대리 호텔 1층에 편의점이 있는데 24시간 영업합니다.

왕 사장 좋네요.

박 대리 그럼 먼저 올라가서 좀 쉬세요. 오후 5시에 호텔 입구에서 뵙겠습니다.

왕 사장 알겠습니다. 수고하셨습니다!

회화 ❷

일정 소개

(오후 5시에 만난 후)

박 대리 왕 사장님, 안녕하십니까? 잘 쉬셨습니까?

왕 사장 잠을 좀 잤더니 개운하네요.

박 대리 그럼 제가 간략하게 요 며칠간의 일정을 소개해 드리겠습니다.

(왕 사장님께 일정표를 드리며)

왕 사장 네. 좋습니다.

박 대리 5월12일 오전 10시에 회사를 방문하고, 오후에 공장을 방문합니다. 저녁에 호텔에서 저희 회사 상품 기획부 김 부장님과 저녁 식사를 함께 합니다. 5월 13일 오전 10시에 경복궁 관람, 점심에 경복궁 근처의 유명 식당에서 식사하시고 오후 2시에 한강을 유람합니다.

왕 사장 좋습니다. 세심하게 고려하셨네요.

박 대리 5월14일 오전 10시에 북촌 관람, 점심에 북촌 근처 식당에서 식사하고 오후 3시에 명동을 관광할 계획입니다.

왕 사장 모두 제가 가고 싶은 곳이네요. 정말 감사합니다.

박 대리 회사에서 전용차를 배정하여 모시겠습니다. 불편하신 것이 있으시면 언제든지 연락 주세요.

왕 사장 네. 감사합니다!

문법 연습

1 ① 得　　　　② 用　　　　③ 把
　④ 方便　　　⑤ 介绍

2 ① 您考虑得真周到。
　② 共进晚餐。
　③ 24 小时营业。

3 ① 我给您介绍一下当地美食。
　② 他每天睡八个小时的觉。
　③ 小王已经把资料打印出来了。
　④ 他跑得不太快。
　⑤ 我们现在不用现金结账。／ 现在我们不用现金结账。

4 ① 老李（唱）歌唱得非常好。
　② 他把资料交给经理了。
　③ 我请了一天假。
　④ 我听懂了他说的话。
　⑤ 你不要生我气。

회화 연습

1 ① A 王经理，我们到酒店了。
　　B 好的，辛苦了！
　② A 酒店附近的交通怎么样？
　　B 很方便，有地铁站。
　③ A 我向您简单地介绍一下这几天的日程安排。
　　B 好的。
　④ A 有什么不方便的地方，可以随时跟我联系。
　　B 好的，谢谢！

2 ① 他用手机结账。
　② 请把资料交给经理。
　③ 我想和您共进晚餐。
　④ 请拿好收据。／ 收据请拿好。

3 ① 复印机修好了吗？
　② 我把报告交给科长了。
　③ 我给您介绍一下光州的旅游景点。
　④ 最近学生都用平板电脑学习。
　⑤ 我写报告写得很快。

독해

스케줄 소개

나는 왕 사장님을 호텔로 모셔다 드리고 나서 왕 사장님을 도와 체크인을 처리했다. 왕 사장님이 다니시기 편하도록 나는 호텔의 이름과 주소를 위챗으로 왕 사장님께 보내 드렸다. 그리고 오후 5시에 호텔 문 앞에서 만나기로 약속했다. 만나기를 기다렸다가 나는 왕 사장님께 며칠 간의 스케줄과 기간, 왕 사장님을 모시고 우리 회사와 경복궁, 북촌 등의 유명 관광지를 구경할 것임을 소개했다. 왕 사장님은 우리의 스케줄에 매우 만족하셨고, 이 몇 군데의 관광지는 모두 왕 사장님이 매우 가고 싶었던 곳이었다.

중국문화지식 원문

中国的第二人称

第二人称代词在汉语中使用频率较高，在日常生活、工作场合和商务谈判中都会经常使用。汉语的第二人称为"你"和"您"。两者的书写、读音和使用都有很大的差别。第一，"您"比"你"下面多了一个"心"；第二，"您"是敬体，表示对对方的尊重，而"你"仅为一般的称谓；第三，两者的读音不同。"你"的读音为"nǐ"，"您"的读音为"nín"；第四，"你"的复数为"你们"，而"您"没有复数形式。也就是说，当对方为两人或超过两人时，不能说"您们"，而是根据情况用"您二位""您三位""您诸位"等来表达；第五，两者在使用时存在很大的差别。

在汉语中，"你"和"您"的差别主要体现在辈分、职位、人际关系等方面。与自己同辈、比自己辈分低、职位低、年龄小、关系密切的人交谈时，用"你"。与长辈、上司、客人交往时，用"您"，表示对对方的尊重和客气。

与汉语"你"和"您"对应的韩语为"너"和"당신"。"너"和"你"的使用方法基本相同，针对同辈、熟人以及比自己辈分低、职务低、年龄小的人。

但是，"당신"和"您"的使用却截然不同。汉语中的"您"是一种尊称，表示对对方的尊重。而韩语中的"당신"则不是敬称，不能表达对对方的尊重。"당신"一般只用于夫妻之间，或与对方发生口角时对对方的称呼。

现场参观

회화 ①

신상품 전시

김 부장 안녕하십니까! 왕 사장님, 저는 상품기획부 부장 김재욱입니다. 제 명함입니다. 저희 회사에 참관 오신 것을 환영합니다.

왕 사장 안녕하세요? 김 부장님, 제 명함입니다.

김 부장 왕 사장님, 이쪽으로 오십시오. 여기는 저희 회사의 마케팅팀이고, 이 분은 마케팅부 주임 이문성입니다.

왕 사장 안녕하세요? 이 주임님, 만나서 반갑습니다.

이 주임 저도 반갑습니다. 언제 한국에 오셨습니까?

왕 사장 어제 왔습니다.

이 주임 오시느라 수고 많으셨습니다. 제가 저희 제품개발 부서를 구경시켜 드리는 김에 저희 회사의 신제품도 소개해 드리겠습니다.

왕 사장 네. 정말 감사합니다.

회화 ②

신상품 전시

(함께 제품개발부에 온 후)

이 주임 왕 사장님, 여기가 바로 저희 회사 제품개발부입니다. 연구원들이 여기에서 신제품 개발과 제품 테스트를 진행합니다.

왕 사장 정말 좋네요!

이 주임 지금 저희 신제품을 소개해 드리겠습니다.

왕 사장 네, 감사합니다.

이 주임 보십시오. 이것이 바로 저희가 최근에 새로 개발한

마스크팩입니다.

왕 사장 이 마스크팩은 모두 어떤 효능이 있습니까?

이 주임 이 마스크팩은 수분 공급 효과가 좋을뿐만 아니라 주름 개선, 미백 등의 효과가 있습니다.

왕 사장 귀사의 제품은 내수용입니까, 아니면 수출용입니까?

이 주임 저희의 상품 대부분은 수출용이고 주로 동남아 지역으로 수출합니다.

왕 사장 그럼, 마스크팩의 소매가격은 얼마인가요? 샘플을 제공해 주실 수 있습니까?

이 주임 소매가격은 3만 원입니다. 샘플은 제공해 드릴 수 있는데 비용이 있습니다.

왕 사장 소개해 주셔서 감사합니다. 수고하셨습니다!

문법 연습

1 ① 到 ② 一下 ③ 还是
④ 进行 ⑤ 的

2 ① 这边请。
② 我给您介绍一下。
③ 可以提供样品吗？

3 ① 他把书扔到了外面。
② 谢谢大家的关心。
③ 我们在对这件事进行调查。
④ 我是为了公司才这么做的。
⑤ 你再检查一下有没有错误。

4 ① 他说了一下会议内容。
② 我睡到上午十点。
③ 你今天还是明天上课？
④ 我们明天或者后天开个会吧。
⑤ 这个计划书是他写的。

회화 연습

1 ① A 您是哪天到的韩国？
B 我是昨天到的。
② A 我带您去参观一下我们的产品研发部，顺便给您介绍一下我们公司的新产品。
B 好的，非常感谢。
③ A 贵公司的产品是内销还是出口？
B 大部分产品都是出口的，主要出口到东南亚地区。
④ A 可以提供样品吗？

B 我们可以提供样品，但要收费。

2　① 你尝一下我做的饺子。
　　② 我工作到凌晨1点。
　　③ 你喝冰咖啡还是热咖啡？
　　④ 我找到手机了。

3　① 这道菜不但好看而且好吃。
　　② 我在酒店住到明天。
　　③ 你是和谁一起吃的饭？
　　④ 我给您简单（地）介绍一下我们公司。
　　⑤ 会议是两点还是三点？

독해

회사 방문

오늘 왕 사장님이 회사에 오셔서 참관을 하셨는데, 상품기획부의 김 부장이 왕 사장님을 접견하였고 마케팅부의 이 주임은 왕 사장님께 회사에서 새로 연구개발한 상품과 상품의 주요 특징에 대해 상세하게 소개하였다. 왕 사장님은 제품의 판매 경로와 판매지역 및 소매가격 등의 문제에 대해 자문하셨고 회사의 샘플 제공을 희망하셨다. 이 주임은 우리 회사에서는 샘플을 제공할 수는 있으나 무상 제공은 아니고 비용이 발생한다고 명확하게 이야기했다.

중국문화지식 ^{원문}

握手礼仪

中国自古以来就重视各种礼仪，其中握手也是一种极其重要的礼仪。应该说握手表示友好，是一种交流方式。那么在与对方握手时需要注意哪些问题呢？握手要按照尊者为先的原则。在正式场合，以上级先伸手为礼，在日常生活中，以长辈、女士先伸手为礼。在师生之间，以老师先伸手为礼，在接待来客时，以主人先伸手为礼。男士与女士握手不宜时间过长、力度过大。在多人同时握手时，不可交叉握手。不可跨着门槛握手。手脏、手凉或者手上有水、汗时，不宜与人握手，并主动向对方说明不握手的原因。

04 商务应酬

회화 ❶

식당에서

김 부장　여러분 앉으십시오. 왕 사장님, 이쪽으로 오세오.

왕 사장　감사합니다!

김 부장　오늘 왕 사장님께서 한국에 오신 것을 환영하기 위해서 저희가 특별히 한국의 불고기를 준비했습니다.

왕 사장　신경 써 주셔서 감사합니다.

김 부장　별말씀요. 먼저 반찬 한번 드셔 보세요. 맛이 어떠세요?

왕 사장　맛있네요.

김 부장　이것은 이 식당에서 가장 유명한 "간장게장"입니다. 한번 드셔 보시겠습니까?

왕 사장　이것은 처음 먹네요. 맛이 아주 특별해요.

김 부장　한국에서는 식당에서 밥 먹을 때 모두 몇 가지 반찬이 나옵니다. 그리고 다 무료예요.

왕 사장　정말이요? 그럼 한번 먹어 봐야겠네요.

회화 ❷

식당에서

(한국의 소주를 따르고)

김 부장　자, 제가 한 잔 드리겠습니다. 먼 길 오시느라 고생하셨습니다.

왕 사장　환대해 주셔서 감사합니다. 감사의 의미로 제가 먼저 잔을 비우겠습니다.

김 부장　허허허, 왕 사장님이 정말 시원시원하시군요! 자, 불고기 한번 드셔 보세요.

왕 사장　와! 고소하고 연하고, 정말 명불허전이네요!

김 부장　많이 드십시오!
　　　　　자, 모두 잔을 들고, 우리의 협력을 위해 건배합시다!

왕 사장　좋습니다! 또 우리의 우정을 위해 건배합시다!

김 부장/왕 사장: 건배!

문법 연습

1 ① 特意　　　② 可　　　　③ 好好
　④ 为了　　　⑤ 多

2 ① 我敬您一杯。
　② 为我们的合作干杯！
　③ 我先干为敬。

3 ① 他长得高高的。
　② 我希望你好好准备这个项目。
　③ 你可不能让我失望。
　④ 我特意告诉他开会时间。
　⑤ 这个方案真是太棒了。

4 ① 我可不知道他在哪儿。
　② 你好好休息吧！
　③ 你要多喝点儿水。
　④ 我又要开会，又要出差。
　⑤ 这个设备真是好先进啊！

회화 연습

1 ① A 今天为了欢迎王经理来韩国，我们特意准备
　　　　了韩国的烤肉。
　　 B 谢谢您的关照。
　② A 这是我们这里最有名的"酱蟹"，来尝一
　　　　下？
　　 B 这是我第一次吃，味道很特别。
　③ A 来，我敬您一杯，远道而来辛苦了。
　　 B 谢谢您的款待，我先干为敬。
　④ A 来，大家举杯，为我们的合作干杯！
　　 B 好啊！也为我们的友谊干杯！

2 ① 我特意给您打个电话。
　② 我敬您一杯。
　③ 为我们的友谊干杯！
　④ 多吃点儿。

3 ① 我想多买点儿水果。
　② 为了迎接客人，我准备了丰盛的饭菜。
　③ 我特意给他发了短信。
　④ 你可得感谢他。
　⑤ 今天又下雨又刮风。

독해

융숭한 대접

오늘 회사에서 왕 사장님을 청해 함께 식사를 했다. 우리는 왕 사장님을 위해 한국의 특색 있는 요리인 불고기를 준비했다. 왕 사장님은 먼저 몇 가지 반찬을 맛보셨고 입맛에 맞는다고 하셨다. 그리고 나서 우리는 함께 술을 마셨는데, 김 부장님이 먼저 왕 사장님께 건배를 제안했는데 왕 사장님께서 단숨에 마셨고 매우 시원시원하셨다. 왕 사장님은 또 한국의 불고기가 명불허전이라고 계속 감탄하셨다. 마지막에 김 부장님이 쌍방의 합작을 위해 건배를 제안하셔서 모두 다 잔을 들고 "건배!"라는 한마디를 외쳤다.

중국문화지식 원문

酒桌礼仪

在中国宴请宾客时，要注意酒桌礼仪，以免失误。酒桌上敬酒是必不可少的，但是敬酒要有序，主次分明。一般情况下敬酒应以年龄大小，职位高低，宾主身份为序。如果是长辈或领导，提议碰杯的同时，说句："我喝完，你随意。"韩语的意思则为"먼저 술잔을 비울 테니 편하게 마셔요"，表示对对方的尊重。如果是晚辈或下属，举杯以示礼貌，并喝完。这时可以不与对方碰杯。喝酒时，右手握杯，左手垫杯底。此外，别让自己的酒杯空着，别人看到你的酒杯里没酒，就会过来给你倒酒。喝酒就是为了活跃气氛，在餐桌上，除了恰到好处的敬酒，还要注意一定的礼仪。首先，由于个人的兴趣爱好，知识面不同，话题尽量不要太偏。应尽量多谈论一些大部分人能够参与的话题，得到多数人的认同，避免唯我独尊。有时一句诙谐幽默的语言，会给客人留下很深的印象，使人无形中对你产生好感。

05 价格商谈 1

회화 ❶

협의 중

왕 사장 김 부장님, 부장님께서 저희에게 소개해 주신 마스크팩에 관심이 많습니다. 특히 효능에 만족합니다.

김 부장 저희가 새로 개발한 이 마스크팩은 수분 보충 효과가 더 좋습니다. 뿐만 아니라 주름 방지, 미백 등 효능도 있습니다.

왕 사장 저희는 이 마스크팩을 주문할 계획입니다.

김 부장 좋습니다. 이 마스크팩의 포장은 세 가지 색상이 있는데 색상마다 효능이 다릅니다.

왕 사장 어떤 색상 있나요? 각각 어떤 효능이 있죠?

김 부장 파란색과 빨간색, 검은색이 있습니다. 파란색의 주요 효능은 수분 보충이고 빨간색은 주름 방지, 검은색은 미백입니다.

왕 사장 한 박스에 몇 매가 들어 있습니까?

김 부장 한 박스에 10매가 들어 있습니다. 귀사의 주문량을 알려 주실 수 있습니까?

왕 사장 색상별로 3만 박스씩 주문하려고 합니다.

김 부장 문제없습니다. 재고량이 충분합니다.

회화 ❷

협의 중

왕 사장 지금 가격에 대해 이야기 나누는 것 어떠십니까?

김 부장 네. 주문량이 많으면 많을수록 가격이 낮습니다.

왕 사장 저희가 3만 박스를 주문하면 박스당 단가가 얼마입니까?

김 부장 이 팩은 새로 개발한 거라서 가격이 비싼 편입니다. 파란색과 빨간색은 가격이 같고, 박스당 8,000원입니다. 검은색은 약간 비싸서 박스당 8,500원입니다.

왕 사장 견적가가 조금 높네요. 고민을 해 봐야 할 것 같습니다.

김 부장 현재 생산 원가가 높아서 이 가격은 이미 최저가입니다.

왕 사장 저희는 진심으로 귀사와 협력을 원합니다. 가격을 다시 협상할 수 있을까요?

김 부장 귀사와 장기적으로 협력할 수 있도록 회의를 해서 상의해 보겠습니다. 이후에 다시 연락 드리겠습니다.

왕 사장 네. 좋은 소식을 기다리겠습니다.

문법 연습

1 ① 稍微   ② 有点儿   ③ 计划
   ④ 满意   ⑤ 特别是

2 ① 我们谈一下价格好吗？
   ② 能告诉我贵公司的订购数量吗？
   ③ 我等您的好消息。
   ④ 我们很有诚意与贵公司合作。

3 ① 我们计划明年去中国。
   ② 这件衣服稍微有点儿瘦。
   ③ 我对学习汉语很感兴趣。
   ④ 汉语越学越有意思。
   ⑤ 我不太满意现在的生活。

4 ① 补习班很多，特别是汉语补习班。
   ② 我对读书不感兴趣。
   ③ 今天他有点儿累。
   ④ 我们稍微吃了一点儿。
   ⑤ 这台打印机比那台贵一点儿。

회화 연습

1 ① A 能告诉我贵公司的订购数量吗？
     B 每种颜色订购三万盒。
   ② A 现在我们谈一下价格好吗？
     B 好的，订货量越多价格会越低。
   ③ A 您的报价有点儿高，我们得考虑一下。
     B 现在生产成本很高，这个价格已经是最低了。
   ④ A 我们很有诚意与贵公司合作，价格可以再商量一下吗？
     B 为了能与贵公司长期合作，我们开会研究一下，然后再跟您联系。

2 ① 老板对方案很满意。
   ② 他对中国文化很感兴趣。
   ③ 今天稍微有点儿冷。
   ④ 我比他胖一点儿。

3 ① 我对结果很满意。

② 他对中国历史很感兴趣。

③ 稍微放一点儿糖。

④ 他越说，我越饿。

⑤ 这些职员都很努力，特别是他。

가격 협상

한이회사의 김 부장은 왕 사장과 새로 개발한 마스크팩에 대해 가격 협상을 진행했다. 김 부장은 왕 사장에게 새로운 스타일의 마스크팩의 색상 및 각 색상의 주요 효과에 대해 소개하였고, 왕 사장은 이 마스크팩에 큰 관심을 갖게되어 3만 박스를 구매하려고 한다. 김 부장은 성심성의껏 왕 사장에게 재고가 충분히 있다는 것을 알렸다.

중국문화지식 원문

中国的谈判礼仪（1）

谈判之初，谈判双方接触的第一印象十分重要，言谈举止要尽可能创造出友好、轻松的良好谈判气氛。作自我介绍时要自然大方，不可露傲慢之意。被介绍到的人应起立微笑示意，可以礼貌地说：“幸会”，“请多关照”之类。询问对方姓名时要客气，如“请问您尊姓大名？”等。如有名片，要双手接递。介绍完毕，可选择双方共同感兴趣的话题进行交谈。稍作寒暄，以沟通感情，创造温和气氛。谈判之初的姿态动作也对把握谈判气氛起着重大作用。有几个动作需注意。第一，目光。目光应注视对方，这样会使对方感到被关注，觉得你诚恳严肃。第二，手势。谈话的时候，应手心冲上，不宜乱打手势，以免造成轻浮之感。第三，不应傲慢无礼。特别是双臂挽在胸前的行为显得傲慢无礼，所以一定要避免。谈判之初的重要任务是摸清对方的底细，因此要认真听对方谈话，细心观察对方举止表情，并适当给予回应，这样既可了解对方意图，又可表现出尊重与礼貌。

06 购物

회화 ❶

쇼핑

김 부장 왕 사장님, 내일 스케줄 있으세요?

왕 사장 동료와 가족들에게 줄 선물을 좀 사고 싶어요.

김 부장 무엇을 살지 생각해 보셨나요?

왕 사장 홍삼이 어떨 것 같아요? 한국의 홍삼이 유명하다고 들었는데요.

김 부장 홍삼 아주 좋죠. 우리 한국의 특산품입니다.

왕 사장 한국에 여행 온 많은 사람들이 홍삼을 산다고 들었어요.

김 부장 맞습니다. 홍삼이 건강에 좋기 때문이죠.

왕 사장 그럼, 홍삼으로 사야겠네요. 김 부장님, 내일 저와 함께 가 주실 수 있으세요?

김 부장 문제없습니다. 내일 아침 10시에 로비에서 기다리겠습니다.

회화 ❷

쇼핑

(홍삼가게에 도착해서)

김 부장 왕 사장님, 홍삼가게에 도착했습니다. 내리시죠.

왕 사장 네. 감사합니다.

김 부장 홍삼은 종류가 많은데, 어떤 홍삼을 사고 싶으세요?

왕 사장 어떤 홍삼을 사는 게 좋을까요?

김 부장 어느 분께 선물하고 싶으세요?

왕 사장 부모님께 선물하려고요.

김 부장 이런 홍삼은 어르신들에게 매우 적합하고 가격도 합리적이에요.

왕 사장 정말 좋네요. 한 박스는 얼마 동안 마실 수 있나요?

김 부장 한 박스는 한 달 치의 양입니다.

왕 사장 그럼 먼저 6박스를 살게요. 효과가 좋으면 또 사러 올게요.

김 부장 포장해 드릴까요?

왕 사장 좋아요. 감사합니다.

문법 연습

1 ① 陪　　　② 安排　　　③ 觉得
　　④ 适合　　　⑤ 好

2 ① 您想买什么样的红参?
　　② 需要给您包装吗?
　　③ 您觉得红参怎么样?

3 ① 我想把这本书送给老师。
　　② 我下周去济州岛旅游。/ 下周我去济州岛旅游。
　　③ 你很适合穿连衣裙。
　　④ 吃什么对大脑好?
　　⑤ 我觉得这么做不对。

4 ① 我觉得是他。
　　② 我想去中国旅游。
　　③ 这件衣服很适合你。
　　④ 喝茶对身体好。
　　⑤ 报告书交给科长。

회화 연습

1 ① A 我听说很多人来韩国旅游，都会买一些红参。
　　　B 对，因为红参对身体很好。
　　② A 您明天能陪我去吗?
　　　B 没问题，明天早上10点我在大厅等您。
　　③ A 这种红参非常适合老年人，价格也合理。
　　　B 那太好了。
　　④ A 一盒可以喝多久?
　　　B 一盒是一个月的量。

2 ① 我想去济州岛旅游。
　　② 你很适合穿高跟鞋。
　　③ 吃鱼对大脑好。
　　④ 我陪奶奶去医院。

3 ① 吃水果对皮肤好。
　　② 这种书很适合儿童。
　　③ 我想把这份礼物送给朋友。
　　④ 他打算去中国旅游。
　　⑤ 我觉得现在的生活很幸福。

독해

홍삼 구입

왕 사장님이 귀국하기 전에 동료와 가족에게 줄 선물을 좀 구입하고 싶어서 김 부장은 왕 사장님께 한국의 홍삼을 추천해 주었는데, 홍삼은 한국의 특산품일 뿐 아니라 몸에도 매우 좋기 때문이다. 이후 김 부장은 왕 사장님과 홍삼가게에 갔고, 홍삼가게에서 왕 사장님은 어르신들에게 적합하고 가격이 합리적인 홍삼을 골랐다. 직원은 정성껏 포장을 해 주었고 왕 사장님은 매우 만족했다.

중국문화지식 원문

中国送礼礼仪

在中国送礼有很多讲究。中国人传统上喜欢双数，普遍有"好事成双"的说法，就是好事都是成对出现的意思。可知此句中的"双"就是双数。中国人认为双数可以给人一种安全感，相反单数却会让人不安。因而，凡是大贺大喜之事，所送之礼，均好双忌单。再如，白色虽有纯洁无瑕之意，但中国人比较忌讳，因为在中国，白色常是大悲之色和贫穷之色。同样，黑色 也被视为不吉利，是凶灾之色，哀丧之色。而红色则是喜庆、祥和、欢庆的象征，受到人们的普遍喜爱。另外，中国人还常常讲究给老人不能送钟，给夫妻或情人不能送梨，因为"送钟"与"送终"，"梨"与"离"谐音。

07 价格商谈 2

회화 ❶

가격 협상 2

(재협상)

김 부장　왕 사장님, 지난번에 우리의 제시 가격이 조금 높다고 말씀하셨습니다.

왕 사장　맞습니다. 귀사에서 가격을 좀 조정하셨는지 모르겠습니다.

김 부장　저희 측에서 회의해서 논의해 봤는데, 최대 한화로 400원까지 내릴 수 있습니다. 어떻게 생각하십니까?

왕 사장 그래도 좀 높습니다. 200원만 더 깎아 주시면 안 됩니까?

김 부장 그건 안 됩니다. 더 내리면 원가가 안 나옵니다.

왕 사장 그럼 이렇게 합시다. 우리 서로 한 발씩 양보해서 100원씩만 더 내려 총 500원 내립시다.

김 부장 그럼 이렇게 정하겠습니다. 500원 내리면 블루와 레드는 7,500원, 블랙은 8,000원입니다.

왕 사장 좋습니다. 이 가격으로 거래를 합시다.

회화 ❷

가격 협상 2

(거래 성립 후)

왕 사장 이번 협상은 아주 성공적이었습니다.

김 부장 귀사와 협력할 수 있게 되어 영광스럽게 생각합니다.

왕 사장 저도 동감입니다. 이번 협력을 통해 우리 서로에 대한 이해를 증진시킬 수 있기를 희망합니다.

김 부장 이번 가격 협상이 이렇게 잘 풀린 것도 두 회사의 인연입니다.

왕 사장 네. 우리 두 회사는 모두 정말 진심으로 협력을 원하고 있습니다.

김 부장 맞습니다. 그래서 우리는 이번 협력 기회를 소중히 생각합니다.

왕 사장 우리가 이번에 즐겁게 협력할 수 있기 바랍니다!

김 부장 이번 협력뿐만 아니라 저 역시 귀사와 오랫동안 협력할 수 있기를 기대합니다.

문법 연습

1 ① 彼此　　② 是否　　③ 按
　 ④ 不仅仅　⑤ 感到

2 ① 就这么定了。
　 ② 您看如何?
　 ③ 我也有同感。
　 ④ 我们各让一步。

3 ① 请按要求写一份计划书。
　 ② 这是我们彼此的信任。
　 ③ 见到您我感到非常高兴。
　 ④ 不知您是否有时间参加。
　 ⑤ 不仅仅我知道，他也知道。

4 ① 请按说明书组装。
　 ② 我们彼此十分了解。
　 ③ 我感到很悲伤。
　 ④ 不知您是否方便?
　 ⑤ 我不仅仅喜欢读书，还喜欢运动。

회화 연습

1 ① A 这样吧，我们各让一步，再降100韩币，一共降500韩币。
　　 B 那就这么定了。
　 ② A 王经理，您上次说我们的报价有点儿高。
　　 B 对，不知贵公司是否调整了价格?
　 ③ A 这次商谈非常成功。
　　 B 能与贵公司合作，我感到非常荣幸。
　 ④ A 希望我们这次能够合作愉快!
　　 B 不仅仅是这次合作，我也非常期待能够与贵公司长期合作。

2 ① 为彼此的健康干杯!
　 ② 你按这个方法运动吧。
　 ③ 我们感到很害怕。
　 ④ 不知你是否记得我?

3 ① 我对朋友说明天去公司。
　 ② 按我说的做。
　 ③ 因为妈妈的支持，我感到很幸福。
　 ④ 不知您是否同意?
　 ⑤ 我们公司的打印机不仅仅小，还很旧。

독해

제2차 가격 협상

한이회사의 제1차 가격 협상의 단가가 너무 높아서 왕 사장은 새로이 가격 조정을 제의했다. 협상을 거쳐 쌍방은 각자 한 발씩 물러났으며 최종적으로 협의를 달성했다. 거래가 성사되고 난 후 왕 사장님과 김 부장은 우호적인 분위기 속에서 이야기를 나누며 두 회사가 함께 즐겁게 협력하기를 희망하고 아울러 오랫동안 합작할 수 있기를 기대했다.

중국문화지식　원문

中国的谈判礼仪（2）

谈判之中是谈判的实质性阶段，主要是报价、查询、磋商、解决矛盾、处理冷场。报价要明确无误，恪守信用，不欺蒙对方。在谈判中报价不得变换不定，对方一旦接受价格，即不再更改。事先要查询谈判内容，准备好相关问题，选择气氛和谐时提出，态度要开诚布公。切忌气氛比较冷淡或紧张时查询，言辞不可过激或追问不休，以免引起对方反感甚至愤怒。磋商事关双方利益，容易因情急而失礼，因此应心平气和，求大同，容许存小异。解决矛盾需保持耐心、冷静，不可因发生矛盾就怒气冲冲，甚至进行人身攻击或侮辱对方。处理冷场时，主方要灵活处理，可以暂时转移话题，稍作松弛。如果确实已无话可说，则应当机立断，暂时中止谈判，稍作休息后再重新进行。主方要主动提出话题，不要让冷场持续过长。

08 订货

회화 ❶

물품 주문

(주문)

왕 사장 새로 개발한 이 마스크팩의 최소 주문량은 얼마입니까?

김 부장 최소 주문량은 1만 개입니다.

왕 사장 그럼 우리는 블루, 레드, 블랙 각 5,000개, 총 1만 5,000개를 주문하겠습니다. 어떠십니까?

김 부장 그건 안 됩니다. 우리 회사는 한 종류당 최소 주문량을 1만 개로 정하고 있습니다. 귀사가 이해해 주시기 바랍니다.

왕 사장 신제품이라 시장 판매량이 어떨지 모릅니다. 그래서 이번에 조금만 주문하고 나중에 우리는 시장 반응에 따라 주문량을 조정할 것입니다.

김 부장 이 세 가지 색상 중에 하나 또는 두 가지를 주문하시는 게 어떻습니까?

왕 사장 좋습니다. 그럼, 먼저 블루와 레드로 1만 개씩 총 2만 개를 주문하겠습니다.

김 부장 네. 좋습니다. 저희는 바로 생산에 들어갈 수 있습니다.

회화 ❷

(납품)

왕 사장 시장 반응이 좋으면 다음에 우리는 더 많이 주문할 겁니다.

김 부장 저희 제품은 효과가 확실하므로 시장 반응이 이상적일 것이라고 믿습니다.

왕 사장 그렇게 되길 바랍니다. 우리 이제 납품 시기에 대해 이야기해 봅시다.

김 부장 좋습니다. 귀사가 원하시는 납품 시기가 언제입니까?

왕 사장 우리는 새해 전에 시장에 내놓을 예정이기 때문에 11월에 납품해 주시는 것이 가장 좋습니다.

김 부장 현재 저희는 다른 제품의 납품 스케줄이 있어서 빨라야 12월 말에나 납품이 가능합니다. 어떠십니까?

왕 사장 12월 말이라면 너무 늦습니다. 저희에게 시간이 돈입니다.

김 부장 그럼 저희는 나누어 납품할 수밖에 없습니다. 이렇게 하면 어떠십니까?

왕 사장 좋습니다. 그럼 우리 이렇게 정합시다.

문법 연습

1 ① 将 ② 根据 ③ 最好
④ 给予 ⑤ 只好

2 ① 希望贵公司能给予理解。
② 对我来说，时间就是金钱。
③ 我相信市场反馈会很理想的。
④ 那我们一言为定。

3 ① 你最好定一个计划。
② 我希望大家能给予帮助。
③ 会议将在下午两点开始。
④ 我只好同意他的意见。
⑤ 对我们来说健康最重要。

4 ① 我只好回家了。
② 你最好别放在心上。
③ 开幕式将在下个月举行。
④ 他肯定不会告诉你的。
⑤ 对我来说太晚了。

회화 연습

1　① A 这款新研发的面膜起订量是多少？
　　　 B 起订量是 1 万件。
　② A 这三种颜色中贵公司订一种或两种，您看这样可以吗？
　　　 B 可以。
　③ A 我们的产品效果显著，我相信市场反馈会很理想的。
　　　 B 希望如此。
　④ A 那我们只好分批交货了，您看这样行吗？
　　　 B 可以，那我们一言为定。

2　① 你最好少吃巧克力。
　② 电脑坏了，只好再买一台。
　③ 说明会将在 11 点开始。
　④ 我希望您看一下这个计划书。

3　① 对我来说工作最重要。
　② 身份证丢了，只好重新办。
　③ 我们最好商量一下。
　④ 希望大家给予关心。
　⑤ 这次研讨会将在首尔召开。

독해

주문

왕 사장님과 김 부장은 먼저 주문량에 대해 협상을 진행했는데, 판매량이 어떨지 몰라서 왕 사장님은 먼저 조금 적게 주문하고 이후에 시장 반응에 근거해 주문량을 조정하기로 결정했다. 그러나 김 부장은 회사의 상품에 충분한 믿음이 있어 판매량이 반드시 매우 좋을 것이라고 믿었다. 마지막으로 쌍방은 납품 시기에 대해 협상을 진행했는데 물품을 나눠서 납품하는 형식으로 협의를 이루어냈다.

중국문화지식　원문

中国人的说话方式

自古及今，中国人都十分讲究人情，而"中国式人情"最直接的体现就是在语言上。受传统文化的影响，中国人说话谦虚含蓄。有时谦虚与客套背后，往往还有着更深层次的意思。假如不理解这些话的内涵，那么在中国将处处碰壁。比如说"吃了吗？""改天请你吃饭。""来就来，拿什么东西啊！"等是中国人常用的客套话。下面我们来看看这些客套话所表达的实际含义。

第一句：吃了吗？
这句话可以说是中国熟人见面最常说的一句话，至少在明朝就已经出现了。因为吃饱饭是那个时候人们最关心的问题。久而久之，"吃了吗？"成为熟人见面打招呼的客套话。

第二句：改天请你吃饭！
聊天结束时，很多人经常会丢下这么一句话："改天请你吃饭！"。"改天"这个词指的是并不确定的一天。相当于韩语的"언제 밥 한 번 먹자"，没有什么特别的意思。

第三句：来就来，拿什么东西啊！
送礼也是中国式人情的一大体现，无论是求人办事还是探望亲友，两手空空是不能去的。当你手提大包小包到了主人家后，主人往往会热情地说："来就来，拿什么东西啊！" 这句话的潜台词往往有着与字面相反的意思，虽然主人嘴里说着客气话，但是假如你真的空手去的话，主人表面上不会说什么，但是心里一定会有点儿不舒服的。

 签订合同

회화 ❶

계약 체결

(계약서 수정)

김 부장　이것이 저희 쌍방이 체결할 계약서입니다. 적절하지 않은 부분이 있는지 확인해 보세요.

왕 사장　지난번 협상할 때 한화로 500원 더 낮추자고 약속했는데 귀사가 정확한 가격을 표시해 주시기 바랍니다.

김 부장　네. 수정하겠습니다. 그런데 우리 회사에서도 한 가지 요구사항이 있습니다. 지불 방법을 명기해 주시기 바랍니다.

왕 사장　귀사는 어떤 지불 방법을 채택하고 싶으신가요?

김 부장　귀사가 신용장을 제공하여 주시기 바라며, 선적하기 한 달 전에 받아야 합니다.

왕 사장　네. 문제없습니다.

김 부장 그럼, 다시 수정해서 계약 시간을 정하도록 하겠습니다.

왕 사장 네. 귀사가 최대한 빨리 계약을 수정해 주시기 바랍니다.

회화 ❷

계약 체결

(계약 체결)

김 부장 왕 사장님, 이것이 저희가 다시 수정한 계약서입니다. 또 무슨 문제가 있는지 확인해 보시겠습니까?

왕 사장 문제는 없습니다. 가장 중요한 것은 제때에 제품을 인도해야 하는 것입니다. 왜냐하면 시장 투입이 시급하기 때문입니다.

김 부장 걱정하지 마십시오. 꼭 제때에 인도할 것입니다. 또 다른 질문 있으실까요?

왕 사장 없습니다. 제때에 인도해 주시기만 하면 됩니다.

김 부장 그럼 계약을 체결합시다.

왕 사장 좋습니다.

김 부장 계약서는 같은 양식으로 두 부이며, 저희가 각각 원본을 한 부씩 가집니다. 여기에 서명해 주십시오.

왕 사장 네. 감사합니다.

김 부장 원본을 잘 챙기십시오.

왕 사장 감사합니다. 이번 협상이 원만히 성사되어 기쁩니다.

김 부장 우리의 협력이 잘 되길 미리 축원합니다!

🔲 문법 연습 //////////////////////////

1 ① 再　　　② 是否　　　③ 了
　　④ 份　　　⑤ 不过

2 ① 预祝我们合作愉快！
　　② 合同一式两份，我们各留一份原件。
　　③ 我很高兴这次洽谈圆满成功。

3 ① 你明天是否能来我家？
　　② 我们说好了明天一起去看电影。
　　③ 帮我复印一份文件。
　　④ 喝完咖啡后再走吧。
　　⑤ 只要明天天气好，我就去爬山。

4 ① 只要努力，你就能成功。
　　② 我买了一份报纸。
　　③ 你明天是否能来？

④ 我们吃完饭后再去公司。

⑤ 这双鞋很漂亮，不过有点儿贵。

🔲 회화 연습 //////////////////////////

1 ① A 贵公司想采用哪种支付方式？
　　　B 我们希望贵公司提供信用证，并且要在装运前一个月收到。
　　② A 我们重新修改后再定签约时间。
　　　B 好的，希望贵公司尽快修改合同。
　　③ A 合同一式两份，我们各留一份原件。请您在这儿签一下字。
　　　B 好的，非常感谢。
　　④ A 我很高兴这次洽谈圆满成功。
　　　B 预祝我们合作愉快！

2 ① 我们说好了一起去爬山。
　　② 他是否在睡觉？
　　③ 我买了一份盒饭。
　　④ 我们吃完午饭后再开会。

3 ① 只要你喜欢，我就给你买。
　　② 我想给妈妈买份礼物。
　　③ 我们说好了商量一下。
　　④ 我开完会后再给你打电话。
　　⑤ 他是否知道这件事儿？

🔲 독해 //////////////////////////

계약 체결

왕 사장님과 김 부장은 회사를 대표하여 계약을 체결하였는데, 왕 사장님은 한이회사에 가격 수정을 요청하였고, 김 부장은 또한 중국 측에 지불 방식을 명시할 것을 요청하였다. 그리고 나서 쌍방은 계약서를 수정한 후 다시 계약을 체결하기로 하였다. 계약서 수정 후 쌍방은 계약서에 사인하였다. 계약서에 사인을 할 때 왕 사장님은 시장의 제품 투입이 시급하므로 반드시 인도 시기를 맞춰야 한다고 강조하였고 김 부장은 이를 듣고 맞추겠다고 확답했다.

🔲 중국문화지식 원문 //////////////////////////

中国的签约礼仪

由于签约的种类不同，各国的风俗习惯不同，因而签约仪式的支配和签约厅的布置也各不相同。在中国，一般在签约厅内设置长方桌作为签约桌。桌面掩盖深绿色台呢，桌后放置两把椅子，作为双方签约人的座位，面对正门主左客右。座前摆放各自的文本，文本上端分别放置签约的工具。签约桌中心要摆放两国国旗。国旗的摆放位置按照国际惯例，以右为上，以国旗自身面为准，右侧摆放客方国旗，左侧为本国国旗。但有多个国家参加时，国旗的顺序则依据各国国名的拉丁首字母的先后顺序依次而定。此时，在摆放东道国国旗时，可以遵行这一惯例，也可以将其摆放在最左侧，以示东道国的谦恭。

⑩ 送行

배웅

(배웅하기)

왕 사장 배웅해 주셔서 감사합니다.

김 부장 마땅히 제가 해야죠.

왕 사장 저를 대신해서 귀사 사장님께 감사의 뜻을 전해 주세요. 여러분의 따뜻한 대접에 감사드립니다.

김 부장 꼭 전해 드리겠습니다. 왕 사장님, 시간이 너무 짧네요. 그렇지 않으면 다른 곳도 구경시켜 드리고 싶었습니다.

왕 사장 저는 이미 즐거워요. 이 며칠 동안 김 부장님이 잘 챙겨주신 덕분입니다. 시간을 많이 빼앗았네요.

김 부장 별말씀을 다 하십니다. 다음에 중국에 가면 사장님께 폐를 끼칠 것 같습니다.

왕 사장 다음에 중국에 오시면 반드시 잘 대접하겠습니다.

김 부장 이 작은 공예품은 저희 회사의 작은 성의입니다. 마음에 드시길 바랍니다.

왕 사장 뭘 이런 것을 다 준비하셨어요!

김 부장 앞으로 더 많은 협력 기회가 있었으면 좋겠습니다.

왕 사장 다음에 중국에서 뵙겠습니다!

김 부장 가시는 길이 평안하시길 바라며 나중에 또 만나 뵙겠습니다.

회화 ②

(탑승 수속)

수속직원 안녕하십니까? 여권을 보여 주십시오.

왕 사장 네. 이것이 제 여권입니다. 여기요.

수속직원 5월 15일 오전 10시 동방항공사 항공편을 예약하신 것 맞습니까?

왕 사장 맞습니다. 앞좌석 창문 쪽 좌석으로 주시겠습니까?

수속직원 손님 죄송합니다. 앞좌석 창문 쪽 좌석은 없습니다. 뒷좌석은 어떠십니까?

왕 사장 그렇게 해 주세요.

수속직원 한번 확인하겠습니다. 23열 A좌석은 어떠십니까?

왕 사장 좋습니다. 감사합니다.

수속직원 부치실 짐이 있습니까?

왕 사장 캐리어가 하나 있습니다.

수속직원 캐리어를 컨베이어 벨트에 올려 주세요.

왕 사장 네.

수속직원 탑승권입니다. 잘 챙기십시오. 비행기는 오전 10시에 이륙합니다. 9시 40분부터 탑승이 시작되고, 128번 탑승구에 있습니다.

왕 사장 네. 감사합니다!

문법 연습

1 ① 开始   ② 多亏   ③ 靠
  ④ 代   ⑤ 耽误

2 ① 请出示您的护照。
  ② 一路平安，后会有期。
  ③ 这是公司的一点儿小心意。
  ④ 这是我应该做的。

3 ① 代我向阿姨问好。
  ② 能耽误您一点儿时间吗？
  ③ 请把这张桌子搬到外面。
  ④ 下个月开始在家工作。
  ⑤ 有没有需要我做的事情？

4 ① 有没有需要补充的部分？
  ② 我把他送到公司。
  ③ 开幕式将在下个月举行。
  ④ 我想坐靠墙的座位。
  ⑤ 9点开始开会。

회화 연습

1 ① A 请代我向贵公司经理表达谢意，感谢你们的热情招待。

    B 我一定转达。

② A 这是公司的一点儿小心意，希望您喜欢。

    B 太客气了。

③ A 您好，请出示您的护照。

    B 好的，这是我的护照，给您。

④ A 您有没有需要托运的行李?

    B 有一个行李箱。

2 ① （请）把书放到书架上。

② 请给我一个靠海的房间。

③ 请出示您的准考证。

④ 我们十点开始开会。

3 ① 有没有需要我帮忙的?

② 我不喜欢靠门的座位。

③ 请出示您的身份证。

④ 他把车停到门口了。

⑤ 请代我向王科长问好。

독해

배웅

왕 사장님은 한국에서의 일정을 마치고 오늘 귀국한다. 김 부장은 직접 공항에 와서 왕 사장님을 배웅했다. 아울러 이후 더 많은 합작의 기회가 있기를 기대하며 작은 선물을 준비하여 왕 사장님께 선물로 주었다. 왕 사장님은 이에 감사를 표했다. 한 차례 인사말을 나눈 후 왕 사장님은 탑승 수속을 밟기 시작했다. 왕 사장님은 창가 좌석을 요청하고 짐을 하나 탁송한 후 탑승권을 받았다.

중국문화지식 원문

中国的送别礼仪

对待客人讲究迎来送往，既要热情有礼地接待客人，也要热情有礼地送客人离开，对于关乎公司未来的客户更应该如此。在离别时，只有热情有礼地把客户送走，才能让客户对企业形象留下良好的印象，从而赢得更多客户的青睐。有时在送别时还包含赠送礼物这一环节。比如，把客人来访期间参加的各种活动的照片进行精选，汇集成图文相册，并在送别时作为礼品送给对方，这会让客人深受感动。而且这种礼品既能表达接待方对客人的尊重与友好，同时也具有纪念意义。

MEMO

MEMO